Sebastian Lege
mit Anna Cavelius

Die Food-Werkstatt

systemed

Inhalt

Ein paar Worte zuvor	6

Foodwerkstatt-Know-How 8
Das Foodwerkstatt-Prinzip	10
Selbst ist der Koch ...	12
Foodwerkstatt-Zubehör	16
Wissen macht mmmh!	20
Eat, drink, love	34
Foodwerkstatt-Vorrat	38

Fast-Foodwerkstatt-Rezepte 44
1, 2, 3-Burger mit Toasties	46
The Ultimate Burgerrelish	48
Helle Burgersauce	49
Dunkle Burgersauce	49
Veggie-Burger	50
Rote-Bete-Burger	51
Ultimate Currywurst	52
Stapel-Chips	54
Gemüse-Chips	56
Grünkohl-Chips	57
Tomatendip	58
Paprika-Papaya-Chutney	59
Avocado-Mango-Salsa	59
EXTRA: Einkaufs-Navi	62
EXTRA: Best of!	64
Schnelle Nudeln	66
Döner	68
Frikadellen	70
Das beste Steak	72

Kräuterbutter	74
Salatsaucen	76
EXTRA: Grün, grüner, am grünsten – aber bunt geht auch	78
Nasi Goreng	80
Hähnchen in Teriyakisauce	82
Schokopudding	84

DIE-KENN-ICH-DOCH-FOODWERKSTATT-REZEPTE 94

Instant-Gemüsebrühe	96
Instant-Geflügelbrühe	97
5-Minuten-Terrine	98
EXTRA: Fertigfood-Check	100
EXTRA: Gesund essen ist bunt essen	102
Bistro-Baguette	104
Chicken Nuggets	106
Fischstäbchen	108
Pommes crunchy	110
Ketchup & Mayo	112
Maggi Fix (Umamipaste)	114
Miracoli	116
EXTRA: Alles ist vergiftet – Zusatzstoffe & was du alles nicht in deinem Essen brauchst	118
Nutella	128
Eistee	130
Energydrink	132
Cascaradrink	132
Energieriegel	134
Fruchtzwerg	136

LEBENSMITTEL VON A BIS Z 138

EXTRA: Foodwerkstatt Garten	162
Impressum	190

Ein paar Worte zuvor...

Gleich vorneweg: Das ist kein Kochbuch im üblichen Sinn. Du wirst zwar am Ende verstehen, was mir wichtig ist und warum dieses Buch geschrieben werden musste. Das Besondere hier ist aber, dass du von Anfang an neben mir in meiner Küche stehst und dass du viel Spaß haben wirst. Davon mal abgesehen, dass du jede Menge kulinarischer Aha-Erlebnisse haben wirst. Du wirst ganz nebenbei eine Menge über eine der wichtigsten, weil lebenserhaltenden menschlichen Fertigkeiten lernen: Essen. Denn Essen ist nicht nur ein Vitalbedürfnis, es ist auch etwas Hochemotionales. Wusstest du, dass wir jede Menge Erinnerungen in Form von Geruch und Geschmack abspeichern. Das kann der Duft eines frischen Apfelkuchens bei der Oma sein oder die Lieblingsbolognese deiner Freundin.

Ich nehme dich auf den nächsten Seiten mit in die schöne bunte Welt des Essens. Vielleicht hattest du bisher mit Kochen nicht viel am Hut und dich eher als Mainstream-Food-Spezialist gesehen, mit Hang zu bestimmten Lieblingsmarken und To-go-Klassikern von Nutella über Miracoli bis hin zur Currywurst. Vielleicht denkst du auch, dass die ganze Kocherei wahnsinnig kompliziert ist und eher was für Künstler am Herd. Dann ist jetzt Zeit für einen evolutionären Quantensprung. Dazu brauchst du lediglich eine Portion Neugier und etwas Chill-out-Time, denn ja, Kochen ist das reinste Antistress- und Entschleunigungsmittel par excellence. Wenn du Lust hast, lade noch ein paar Leute dazu ein und dann macht ihr gemeinsam aus deiner Küche eine Foodwerkstatt.

Du kannst das Buch an jeder beliebigen Stelle aufklappen und du findest etwas, was dich neugierig macht, was du noch nicht wusstest und wo du gleich selbst loslegen kannst, um dich und deine Lieben kulinarisch zu überraschen. Ich zeige dir, was in deinem Essen stecken sollte, damit du gut drauf bist, und was du alles an Basics brauchst. Dafür ist Platz in der kleinsten Hütte, und du musst auch nicht viel Geld dafür ausgeben. Einkaufen geht auch einfach, du scannst einfach den QR-Code neben den Rezepten in dein Handy und hast den Einkaufszettel gleich dabei.

Rezepte gibt es auch, klar. Die sind aber von einem anderen Stern, denn hier findest du die definitiven Klassiker und Lieblingsgerichte aus deiner Kindheit. Der Clou: Du kennst die Verpackung, du kennst den Geschmack. Hier aber wird alles frisch zubereitet und geschmacklich aufgewertet. So wird aus jedem Hardcore-Fast-Food-Junkie ganz schnell ein Besserschmecker.

So, und jetzt hab Spaß in deiner Foodwerkstatt und am hemmungslosen do it yourself. Pimp dein Leben!

Dein Sebastian

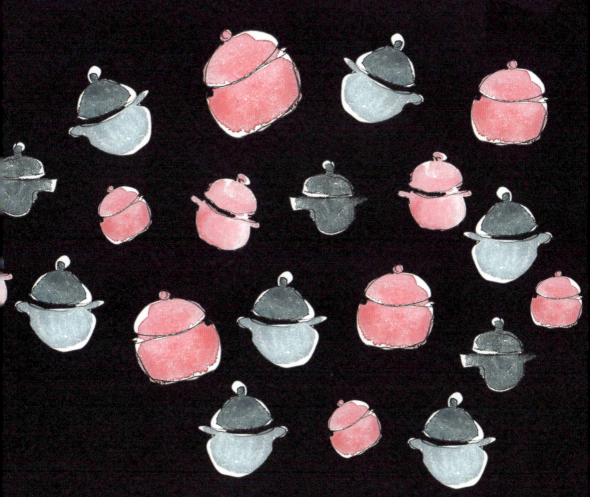

Kochen ist Spiel, ist Kunst,
ist Lebenstechnik, ist easy,
kann schwierig sein. Ich zeige
dir hier, wie du am besten
in die Werkstatt einsteigst.

FOODWERKSTATT-KNOW-HOW

DAS FOOD-WERKSTATT-PRINZIP

Such dir das passende Rezept aus, scanne den QR-Code und die Zutatenliste ein. Gehe in den Supermarkt, begib dich direkt dorthin.

Denk über dein Essen nach, bevor der Hunger kommt: Worauf habe ich heute Lust? Essen ist ja immer eine Wetter-, Tageszeit- und Stimmungslage. Will ich es knackig, fruchtig, schaumig, süß, fettig? Auf welche Farben habe ich Lust? Was riecht gut? Fühlt sich gut an?

Mach dein Essen zur Hauptbeschäftigung und nicht zu einer belanglosen Nebentätigkeit!

Kommen Freunde oder Bekannte oder bin ich allein? Brauche ich ein Frühstück, was für mittags, Feierabendfood zur Beruhigung oder für einen Filmeabend? Brauche ich einen Snack für unterwegs oder Couchfood?

Nimm dir ein bisschen Zeit und mach dein Lieblingsessen ab heute selbst, und wenn es richtig gut schmeckt, dann bereite so viel zu, dass du einen Vorrat hast.

Kaufe so viel wie möglich frisch, regional und saisonal ein. Schmeckt besser, ist besser für die Umwelt und die Bauern in deiner Umgebung.

Checke deine Vorräte, ein paar Basics solltest du immer zu Hause haben (falls du da keinen Plan hast, schau nach auf Seite 38).

DENK DRAN: ESSEN IST CHARAKTERSACHE!

FOODWERKSTATT-KNOW-HOW

Selbst ist der Koch...

Du brauchst noch ein paar Gründe, warum du dich selbst an den Herd oder vors Schneidebrett stellen sollst? Bitteschön!

KOCHEN IST MENSCHLICH: Ja, Kochen ist eine Kulturtugend und im Grunde eine ganz archaische Geschichte. Das macht der Mensch seit Jahrmillionen, zuerst sammeln, jagen, dann zubereiten und mit seiner Sippe verzehren. Und: Kochen ist eine reine Erfahrungswissenschaft, bei der du jeden Tag etwas dazulernen kannst.

KOCHEN IST LEBENDIG: Eben eine Fertigpizza in den Ofen oder unterwegs einen Döner abgreifen, das ist praktisch, aber nur etwas für Langweiler. Kochen ist, und das geht schon beim Einkaufen los, wenn du das bewusst und aufmerksam machst, ein Erlebnis und regt alle Sinne an, weil du siehst, hörst, schmeckst, riechst und fühlst.

KOCHEN IST LÄSSIG: Um gut zu kochen, brauchst du kein Rezept mit 20 Zutaten, und du musst auch in kein Spezial-Feinkostgeschäft gehen. Konzentriere dich einfach auf jeden Handgriff, und wenn du in Gesellschaft kochst, genieße das Zusammensein und dass ihr da gemeinsam etwas bastelt. Entspanne dich beim Gemüsewaschen, -putzen, -schneiden, Öl erhitzen. So wird Kochen zum Relaxerlebnis mit Eventcharakter.

KOCHEN MACHT WOW-GEFÜHLE: Beim Kochen muss man auch anfassen. Da spürst du die Oberfläche, die Konsistenz, die Form und Struktur eines Produkts. Es gibt Lebensmittel, die machen allein schon beim Anfassen glücklich. Wie fühlt sich eine Artischocke an, die Oberfläche eines Kürbisses, das Büschel Petersilie, der Hefeteig, den du knetest? An was erinnert dich das? Macht es dich happy?

KOCHEN MACHT AH! Und wie das riecht! Frischer Ingwer, geschnittene Kräuter, sonnengereifte Erdbeeren, frisches Brot, Olivenöl, ein frisch gegrilltes Steak. Genieße die intensiven Dufterlebnisse, während du schnibbelst, kochst oder brätst. Wie verändert sich ein Geruch beim Schneiden oder Erhitzen. Kochcracks erkennen schon am Duft, ob ein Gericht perfekt abgeschmeckt ist.

KOCHEN IST TASTY! Probiere immer mal wieder zwischendurch. Schmeckst du die Unterschiede zwischen roh und gegart, gebraten oder gekocht, sauer, salzig, bitter oder scharf. Fühle im Mund und mit Zunge und Zähnen Geschmack, Aromen und Strukturen. Da tun sich Welten auf!

KOCHEN IST SEXY: Essen und Erotik sind seit langer Zeit ein ziemlich glückliches Paar in der Literatur, in den bildenden Künsten und im Film. Männer, die ihre Süße mit kulinarischen Höhepunkten beglücken können, stehen hoch im Kurs. Wie du es dann choreografierst, ob du vorher kochst oder nachher oder gleichzeitig – das ist echt deine Entscheidung!

KOCHEN MACHT (ALLE) GLÜCKLICH: Kochen ist, je nachdem wie du es magst, entweder Entschleunigung oder auch sehr gesellig. Außerdem ist Kochen charakterbildend: Wenn du für andere in der Küche stehst, tust du etwas Liebevolles. Da geht es um Wertschätzung, Zuneigung oder auch um Sex. Ich muss sehen, was die anderen mögen und was nicht, schaffe ein Wohlfühlambiente, pflege Gastfreundschaft und Großzügigkeit, kann andere neugierig machen und für Gesprächsstoff sorgen. Ich muss aber auch Geduld mit mir und anderen haben, Einsatz bringen und gelegentlich auch Kompromisse eingehen. Das alles prägt mich. Dann ist Kochen auch das beste Selbsthilfemittel bei Weltschmerz, Liebeskummer, Frust und nach einem blöden Tag. Es bringt dich auf andere Gedanken, du bist kreativ und hast dein Leben im Griff.

FOODWERKSTATT-
KNOW-HOW

FOOD-WERKSTATT-ZUBEHÖR

✳ 2-3 feine Siebe in unterschiedlichen Größen und ein grobes Sieb

MÖRSER
für frisch gemahlene Gewürze.
Denk dran: Fertig gemahlenes Gewürzpulver hat nur ein Drittel der Energie eines ganzen Gewürzes!

✳ 1-2 SCHNEIDEBRETTER AUS HOLZ ODER KUNSTSTOFF

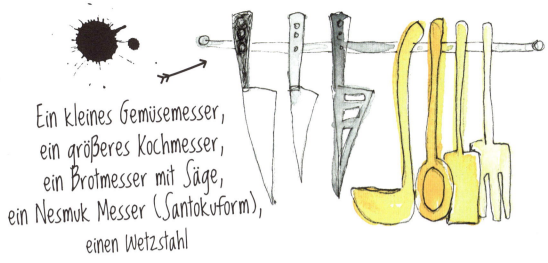

Ein kleines Gemüsemesser,
ein größeres Kochmesser,
ein Brotmesser mit Säge,
ein Nesmuk Messer (Santokuform),
einen Wetzstahl

VIERKANTREIBE
MICROPLANEREIBE
MUSKATREIBE
SPARSCHÄLER

KÜCHENWAAGE
(möglichst bis auf 5 Gramm
genau oder Digitalwaage)

MESSBECHER

FOODWERKSTATT-KNOW-HOW

Ein Schneebesen zum Verquirlen von Flüssigkeiten, Kochlöffel aus Holz, Suppenlöffel und Schaumkelle aus Edelstahl, ein Pfannenwender, eine Universalzange oder Pinzette zum Wenden.

TÖPFE
in drei Größen
(5 l, 3 l, 1–2 l)

STIELKASSEROLLEN
in zwei Größen

PFANNEN
in verschiedenen Größen

AUFLAUFFORMEN
aus Metall, Porzellan
oder Email

RÜHRSCHÜSSELN
in verschiedenen Größen

✱ HANDRÜHRGERÄT

UND JETZT NOCHMAL ✓ ALLES ZUM ABHAKEN:

- [ ] Küchenwaage
- [ ] Messbecher
- [ ] 2-3 feine Siebe
- [ ] grobes Sieb
- [ ] 1-2 Schneidebretter
- [ ] Vierkantreibe
- [ ] Mörser
- [ ] kleines Gemüsemesser
- [ ] größeres Kochmesser
- [ ] Brotmesser mit Säge
- [ ] Nesmuk Messer (Santokuform)
- [ ] Microplanereibe
- [ ] Wetzstahl
- [ ] Sparschäler
- [ ] Rührschüsseln
- [ ] 3 Töpfe
- [ ] 2 Stielkasserollen
- [ ] Pfannen
- [ ] Auflaufformen
- [ ] Handrührgerät
- [ ] Pürierstab
- [ ] Mixer
- [ ] Schneebesen
- [ ] Kochlöffel
- [ ] Suppenlöffel
- [ ] Schaumkelle
- [ ] Pfannenwender
- [ ] Universalzange oder Pinzette zum Wenden
- [ ] Salatschleuder
- [ ] Pfeffermühle
- [ ] Muskatreibe
- [ ] Backformen aus Silikon
- [ ] Backmatte aus Silikon
- [ ] Nudelholz
- [ ] verschließbare Boxen und Gläser
- [ ] Silikonpinsel
- [ ] Korkenzieher
- [ ] Dosenöffner
- [ ] Kurzzeitwecker
- [ ] Zitruspresse

FOODWERKSTATT-KNOW-HOW

Wissen macht mmmh!

Okay, kann sein, dass du jetzt enttäuscht bist und fragst: Warum muss ich denn etwas über Ernährung wissen, wenn ich mir nur mal eben was kochen will? Tja, weil Kochen eben noch weit mehr ist, als ein paar Zutaten zusammenzuwerfen. Kochen hat auch etwas mit Naturwissenschaften und im weitesten Sinn mit Medizin zu tun. Der Zusammenhang ist nicht ganz unwichtig, denn so wird einem klar, dass Essen das Leben nicht nur bereichern kann, sondern auch etwas Lebenswichtiges ist. Deshalb werde ich dir auf den nächsten Seiten ein paar Ernährungsbasics erklären, die aus meiner Sicht sehr wichtig sind, um Essen noch besser zu verstehen beziehungsweise den Kreislauf aus Essen und Lebenskraft, denn unsere Nahrung sollte nicht nur bestmöglich schmecken, im Idealfall ist sie unsere Medizin und kann dabei helfen, dass wir gesund bleiben und gut aussehen. Und wenn dir das zu langweilig sein sollte, dann blättere doch einfach weiter, bis dahin, wo es für dich wieder spannend wird.

Also: Was brauchen wir wirklich auf dem Teller?

Unser Essen enthält im besten Fall – wenn es frisch, nicht schadstoffbelastet ist und aus tiergerechter Aufzucht stammt – zahlreiche wichtige Nährstoffe, die wir brauchen, um leben zu können. Diese Nahrungsinhaltsstoffe versorgen alle Muskeln, Gewebe und Organe und halten den Organismus gewissermaßen am Laufen. Bestimmte Stoffe gelten dabei sogar als essenziell, also lebensnotwendig. Sie sind in der Nahrung so wichtig, da wir sie nicht selbst bilden können. Dazu gehören bestimmte Vitamine, Fett- und Eiweißbausteine. Im Körper finden 24 Stunden lang Auf-, Ab- und Umbauprozesse statt. Für all diese Vorgänge, das Zellwachstum, den Erhalt der Körpertemperatur, die Atmung, den Herzschlag oder die Muskeltätigkeit, brauchen wir Energie. Die bezieht er aus den Nährstoffen Kohlenhydrate, Fette, Eiweiß.

Ist eine Mahlzeit „optimal" oder ausgewogen zusammengestellt, so versorgt sie den Körper mit allen Nährstoffen in der richtigen Menge. Wer auf Dauer hingegen mehr Energie mit der Nahrung zuführt, als er verbraucht, nimmt zu. Das ist häufig der Fall in einer sehr kohlenhydrat- und fettbetonten Ernährungsweise. Eine derart unausgewogene Ernährung, die häufig auch nicht besonders vitalstoffreich ist, kann außerdem zu Mangelerscheinungen führen. Wer langfristig weniger Energie mit der Nahrung zuführt, als er verbraucht, nimmt zwar ab, muss aber ebenfalls mit Mangelerscheinungen rechnen. Daher ist es wichtig, dass in jedem Fall ausreichend Vitamine, Mineralstoffe und Spurenelemente mit der Nahrung aufgenommen werden.

Supertreibstoff Kohlenhydrate

Für die schnelle Energiegewinnung setzt der Körper auf den Supertreibstoff Kohlenhydrate. Unsere Steuerzentrale im Kopf, das Gehirn, steht total auf Zucker, genau genommen Glukose (Traubenzucker). Auch die Muskeln verbrennen als erstes den Zucker aus Kohlenhydraten zum Beispiel aus Obst, Süßem, aber auch aus stärkereichen Lebensmitteln wie Brot, Gebäck, Kartoffeln oder Nudeln. Wenn wir unterzuckert sind, also der Blutzucker am Boden ist, sind wir müde,

FOODWERKSTATT-KNOW-HOW

lustlos, sind erschöpft und gereizt. Auch die Konzentrations- und Leistungsfähigkeit lassen nach. Oft haben wir dann Heißhunger auf Süßes.

ABER: Der Körper kann trotz alledem sehr gut ohne Kohlenhydrate auskommen. Unser biologisches Programm funktioniert seit Urzeiten so, dass wir auch aus Eiweiß bedarfsgerecht wertvolle Glukose herstellen können. Der Vorteil liegt auf der Hand: Eiweiß aus tierischen oder pflanzlichen Quellen sättigt gut, macht nicht dick und hat wertvollere Inhaltsstoffe.

Isst man dann etwas, steigt der Blutzuckerspiegel wieder an. Durch diesen Reiz wird die Bauchspeicheldrüse angeregt, Insulin auszuschütten. Das Hormon soll den Blutzuckerspiegel wieder normalisieren, indem es dabei hilft, die Nährstoffe in die Zellen zu schleusen. Isst man nun aber (häufig) süße Lebensmittel oder solche mit versteckten Zuckern, dann schüttet der Körper sehr viel Insulin aus. So wird der Blutzuckerspiegel schnell abgebaut und genauso schnell kommt der kleine Hunger – auf was wohl? Ja, auf Süßes. Die WHO (World Health Organisation) hat festgelegt, dass höchstens zehn Prozent der aufgenommenen Gesamtenergie pro Tag aus Zucker bestehen sollten. Das sind etwa 30 bis 50 Gramm Zucker pro Tag. Wenn du nun denkst, das ist ganz schön viel, dann wirf mal einen genaueren Blick auf die Zutatenlisten von industriell hergestellten Produkten. Zucker ist ein sehr günstiger Rohstoff und wird einerseits verwendet, um den Geschmack „aufzuwerten", andererseits, damit wir Verbraucher immer wieder Hunger bekommen und Lust auf mehr kriegen …

ANDERERSEITS: Fehlen Kohlenhydrate über einen längeren Zeitraum, geht der Körper an die Eiweißreserven aus der Muskulatur und dann an die Fettreserven. Wird gleichzeitig auf Eiweiß in der Nahrung verzichtet oder dieses stark reduziert, zum Beispiel im Rahmen von sogenannten Reduktionsdiäten, bei denen ordentlich Kalorien gespart werden, beginnt der Muskelschwund. Sobald der Körper die Eiweißreserven angreift, schwinden die Muskelzellen. Das ist ungünstig, denn die Muskeln sind wichtige Energieverbrenner. Das heißt: Nach einer kohlenhydrat- und eiweißreduzierten Diät legt der Körper schneller als zuvor Fettreserven an. Der Effekt ist bei Diäterfahrenen unter dem schönen Namen „Jo-Jo" bekannt.

Gute Zucker, schlechte Zucker

Chemisch gesehen sind alle Kohlenhydrate Zucker. Es gibt Einfachzucker wie Traubenzucker (Glukose) oder Fruchtzucker (Fruktose). Verbinden sich zwei Einfachzucker miteinander, entstehen Zweifachzucker wie etwa der Haushaltszucker (Saccharose). Wenn du die Zutatenlisten auf Fertiglebensmitteln studierst und es taucht ein Begriff mit der Endung „-ose" auf, dann hast du es immer mit Zucker zu tun. Je weiter vorne auf der Liste der Begriff steht, desto mehr davon ist drin.

APROPOS FRUKTOSE: Fruktose ist wie Glukose ein Einfachzucker, nur lässt Fruktose den Blutzuckerspiegel nicht ansteigen. Aus diesem Grund wurden Produkte für Diabetiker entwickelt, die viel Fruktose statt Glukose enthalten. Mancher Hersteller möchte auch den Zuckergehalt seines Produktes auf der Verpackung besser aussehen lassen und tauscht Haushaltszucker gegen Fruktose aus. So sieht es gesünder aus.

Heute weiß man jedoch, dass ein Übermaß an Fruchtzucker zu Stoffwechselbelastungen der Leber und Störungen im Harnstoffstoffwechsel führen. Fruchtzucker ist zudem nicht für alle Menschen gut verträglich. Knapp 20 Prozent der Bevölkerung leidet nach dem Verzehr unter Bauchkrämpfen oder Blähungen (Fruktosemalabsorption). Das Fatale daran: Sie wissen häufig nicht, woher diese Beschwerden kommen. Auch ein Arzt tut sich mit einer genauen Diagnose oft schwer.

Günstiger sind daher immer Mehrfachzucker aus Ketten mit mindestens zehn Einfachzuckern (zum Beispiel aus Vollkornprodukten oder Gemüse). Diese sättigen länger als kurzkettige Zucker, wie Trauben- oder der gewöhnliche Haushaltszucker, denn sie lassen den Blutzuckerspiegel langsamer ansteigen. Ballaststoffe enthalten lange, geschmacksneutrale Zuckerketten. Sie sind wichtig für eine gesunde Darmflora und eine geregelte Verdauung und stecken in Vollkornprodukten, Gemüse und wenig süßem Obst.

FOODWERKSTATT-KNOW-HOW

Gut versteckt!

Zucker kommt nicht nur in Gummibärchen, Schokoaufstrich, Limo und Cola vor. Im Durchschnitt isst jeder Deutsche pro Jahr rund 30 Kilogramm Süßes. Etwa drei Kilo stecken in Produkten wie Chips & Konsorten. Und nicht nur Süßigkeiten sind süß. In vielen Fertiglebensmitteln steckt Zucker.

ZUM BEISPIEL IN ...

FRUCHTJOGHURT: Im Grunde verdienen diese Produkte den Namen gar nicht, da Früchte oft nur in Spuren enthalten sind, aber das ist ein anderes Thema. In einem Becher (150 Gramm) stecken sechs Stücke Zucker. So viel wie in der gleichen Menge Cola.

GURKEN: Eigentlich kauft man sie ja wegen ihres säuerlichen Geschmacks. Aber: In Gewürzgurken stecken bisweilen 12 Gramm Zucker pro Glas.

HERINGSSALAT: In einer Portion (200 Gramm) stecken 16 Gramm Zucker. Das sind immerhin fünf Würfel.

KETCHUP: Was soll ich sagen? 68 Gramm Zucker pro 300 Gramm, also süßer als Cola.

CORNFLAKES (GEZUCKERT): Pro 30-Gramm-Portion kommen vier Stücke Zucker auf den Teller.

MÜSLIRIEGEL: Der gesunde Snack für zwischendurch enthält drei Stücke Würfelzucker.

DOSENANANAS: Die kleine Dose (570 Gramm) hat es mit insgesamt 88 Gramm – also 30 Würfeln – Zucker in sich.

APFELSAFT: Ja, der hat es auch in sich. Ein Liter Apfelsaft enthält 120 Gramm Zucker, das sind 40 Würfel Zucker.

LEBERWURST: Ein 250-Gramm-Stück Leberwurst enthält immerhin drei Stückchen Zucker.

Die Liste lässt sich übrigens endlos erweitern, zum Beispiel um Kinderlebensmittel, Fertigpizza, Pasta und so fort.

Superbaustoff Eiweiss

Einer der wichtigsten Baustoffe für Zellen, Muskulatur, Knochen, Gewebe, Hormone oder Blut ist Eiweiß beziehungsweise seine Bausteine: Aminosäuren sind Lebensbausteine. Bei einem normal aktiven Erwachsenen sollten jeden Tag 15 bis 20 Prozent der Mahlzeiten aus proteinhaltigen Nahrungsmitteln, also Milch und Milchprodukte, Fleisch, Geflügel, Eier oder Fisch, bestehen. Pflanzliche Eiweiße stecken vor allem in Hülsenfrüchten, Nüssen und Soja sowie in Lupinen, der Renner bei Veganern.

Eiweiß ist ein qualitativ gesehen hochwertiger Energielieferant, liefert aber nicht so schnell wie Kohlenhydrate. Denn bis der Körper das Nahrungseiweiß zerlegt und an Ort und Stelle geschleust hat, braucht es viel Zeit. Das merkt man unter anderem daran, dass man nach eiweißreichen Mahlzeiten sehr lange satt bleibt und sich nicht so schnell ein Hungergefühl einstellt. Eiweiß gilt unter den Nährstoffen nicht umsonst als Schlankmacher.

Eiweiße aus der Nahrung werden von Enzymen in 20 Aminosäuren zerlegt. Diese gehen durch den Dünndarm in die Blutbahn, von hier aus in die Körperzellen und werden hier wieder neu zu Körpereiweißen zusammengesetzt. Zwölf dieser 20 Aminosäuren kann der Organismus selbst herstellen. Acht sind lebensnotwendig (essenziell) und müssen regelmäßig auf dem Speiseplan stehen.

Lebenswichtig: Acht essenzielle Aminosäuren

ISOLEUCIN liefert dem zentralen Nervensystem (ZNS) verschiedene Botenstoffe und ist wichtig für den Muskelaufbau. Die Aminosäure steckt in Cashewkernen, Erdnüssen, Linsen, Erbsen, Rindfleisch, Hühnchen, Garnelen und Käse.

VALIN hilft mit, den Blutzucker im Körper zu regulieren, das Immunsystem zu stärken und verschiedene Botenstoffe zum Gehirn zu schleusen. Es steckt in Dinkelmehl, Haferflocken, Thunfisch, Hefe, Eiern, Käse, Hühnchen.

METHIONIN ist direkt am Aufbau von Körpereiweiß beteiligt und schützt Blase und Nieren. Methionin ist in Paranüssen, Fisch, Leber sowie Eiern enthalten.

LEUCIN ist wichtig für den Muskelaufbau. Es steckt in Erdnüssen, Mandeln, Sojabohnen, Erbsen, Käse, Thunfisch, Geflügel und Rinderleber.

TRYPTOPHAN wird im Körper zum Gute-Laune-Hormon Serotonin umgewandelt, das wiederum als Vorstufe für das Schlafhormon Melatonin dient. Außerdem ist Tryptophan wichtig für die Leberfunktion. Es ist enthalten in Karotten, Tomaten, Bananen sowie Spinat.

LYSIN ist zuständig für den Erhalt des Binde- und Muskelgewebes. In der Synthese entsteht aus Lysin Carnitin. Bohnen, Orangen, Mandarinen sowie Sellerie sind reich an Lysin.

PHENYLALIN unterstützt die Bildung von weißen und roten Blutkörperchen und schützt die Nieren. Soja, Schweinefleisch, Lachs, Eier, Kürbiskerne und Milch sind reich an dieser Aminosäure.

THREONIN kann vom Körper zu Glycin umgewandelt werden und wirkt nervenberuhigend. Threonin unterstützt den Knochenaufbau und die Bildung von Antikörpern. Threonin steckt in Papaya, Möhren oder Blattspinat.

Superfood Fett

Fette liefern dem Körper bereits in geringen Mengen viel Energie. Ein Gramm Fett hat immerhin neun Kalorien und liefert damit doppelt so viel Energie wie Kohlenhydrate oder Eiweiß. Aber: Bestimmte Fette oder Öle müssen regelmäßig in unseren Mahlzeiten enthalten sein, denn sie erfüllen wie die Eiweiße Sonderfunktionen im Körper. Zum einen schützen Fettreserven vor Kälte und stützen die inneren Organe. Fett ist seit Urzeiten ein wesentlicher Überlebensfaktor. Ohne die Fähigkeit Fett zu speichern, gäbe es den Menschen nicht. Fette sind Bauteile für Struktur- und Zellmembranen oder für Hormone, und sie liefern fettlösliche Vitamine. Wichtig: Das Verhältnis von Qualität und Quantität muss bei der Fettzufuhr stimmen und natürlich auch, um welche Fette es sich handelt.

Gesundheitlich wertvoll sind die sogenannten einfach ungesättigten Fettsäuren aus Oliven-, Erdnuss- und Rapsöl. Ebenso wichtig sind die mehrfach ungesättigten Fettsäuren (Omega-3- und -6-Fettsäuren) aus Meeresfisch (Lachs, Hering, Makrele) und Sonnenblumen-, Lein- oder Sojaöl. 60 bis 90 Gramm sollten es pro Tag sein, mehr besser nicht, wenn man seine gute Figur behalten will.

Ernährungsmediziner wissen, dass Fette auch für die Regulation des Blutzuckerspiegels eine wichtige Rolle spielen. Wenn man Kohlenhydrate zusammen mit Fetten und Ölen isst, zum Beispiel ein frisches Baguette mit Olivenöl, dann steigt der Glukosewert im Blut deutlich langsamer an. Denn die Kohlenhydrate werden langsamer zerlegt, da der Körper ja auch das Fett verdauen muss. Eine ähnliche Wirkung stellt sich bei der Kombination von Kohlenhydraten mit Eiweiß ein, also wenn du zum Beispiel ein Stück Baguette und etwas Käse isst.

FOODWERKSTATT-KNOW-HOW

Helfer im Miniformat: Vitamine

Vitamine braucht der Organismus nur in geringen Mengen, aber dafür regelmäßig. Denn der Körper kann nur wenige selbst herstellen. Diese Vitalstoffe sind Schrittmacher für viele Stoffwechselfunktionen, zum Beispiel den Aufbau von Körpergeweben und Hormonen. Sie helfen beim Zellaufbau und stärken das Immunsystem. Darüber hinaus helfen sie bei der Umwandlung von Kohlenhydraten, Eiweiß und Fetten.

VITAMIN C stärkt das Bindegewebe und wird für die Bildung und Funktionserhaltung der Binde- und Stützgewebe benötigt. Es regt die Immunabwehr an und steckt in Brokkoli, Fenchel, Paprika, Grünkohl, Hagebutten, Sanddorn oder schwarzen Johannisbeeren.

NIACIN stärkt Haut und Nerven. Ist wichtig für die Gehirnfunktionen sowie die Energiegewinnung und steckt in Fleisch, Leber, Fisch, Erdnüssen, getrockneten Steinpilzen, Rettich, Grünkohl oder Topinambur.

PANTOTHENSÄURE kurbelt den Stoffwechsel an und steckt in Eiern, Butter, Erdnüssen, Brokkoli, Linsen, Erbsen, Leber oder Hähnchen.

VITAMIN B_1 stärkt die Kondition. Es steckt in (Vollkorn-)Getreideprodukten, Fleisch, Erbsen, Schwarzwurzeln, Rosenkohl, Sonnenblumenkernen, Roten Beten, Kürbis, Lauch, Kartoffeln, Topinambur oder Birnen.

VITAMIN B_2 gibt Energie, spielt in vielen Bereichen des Stoffwechsels eine wichtige Rolle und steckt in Milch, Molke, Käse, Leber, Eiern, Vollkorn, Leinsamen, Sprossen, Grün-, Rosenkohl, Roten Beten, Kürbis oder Birnen.

VITAMIN B_6 unterstützt das Immunsystem, ist wichtig für den Aminosäurenstoffwechsel und steckt in Sojabohnen, Hirse, Lachs, Sardinen, Makrelen, Walnüssen, Linsen, Grün- und Rosenkohl, Roten Beten, Zwiebeln, Sellerie, Pastinaken, Kürbis oder Äpfeln.

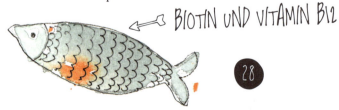

BIOTIN UND VITAMIN B$_{12}$ wird für verschiedene Stoffwechselreaktionen gebraucht und steckt in Fleisch, Fisch oder Alfalfasprossen.

FOLSÄURE ist wichtig für Wachstum und Zellteilung, steckt in Bierhefe, Leber, Nüssen, Endivien, Fenchel, Eier, Spinat, Erbsen, Gurken, Tomaten, Erdbeeren, Orangen, Mandarinen, Kirschen, Trauben, Milchprodukten, Walnüssen, Grün-, Rosen- und Blumenkohl, Brokkoli, Chinakohl, Feldsalat, Spinat, Zwiebeln, Chicorée, Pastinaken oder Birnen.

Fettlösliche Vitamine brauchen Fett als Transportmedium und um im Körper verwertet zu werden. Dazu gehören:

VITAMIN A ist wichtig für die Augen, die Haut und das Schleimhautgewebe. Es steckt in Leber, Butter, Käse, Milch, Aal, Thunfisch, gelb-orange-rotem und grünem Obst, roten Paprikaschoten, Grünkohl, Möhren, Feldsalat, Rosenkohl und anderen Kohlsorten, Brokkoli, Spinat, Kürbis, Chicorée, Sojabohnen und -sprossen, Mangold oder Sellerie.

VITAMIN D festigt die Knochen und wird vor allem durch Sonneneinstrahlung gebildet. In der Nahrung kommt es in verwertbaren Mengen kaum vor.

VITAMIN E schützt die Zellen vor gewebeschädigenden Substanzen (freie Radikale) und steckt in Palmöl, Reiskleien, Gerste, Weizen, Roggen und Hafer.

VITAMIN K ist beteiligt an der Blutgerinnung und steckt in Geflügel, Kalbsleber, Butter, Quark, Sauerkraut, Rosenkohl, Spinat, Blumen- und Grünkohl, Brokkoli, Hagebutten, Kartoffeln, Sellerie, Portulak und Kohlrabi.

FOODWERKSTATT-
KNOW-HOW

Unentbehrlich: Mineralstoffe

Mineralstoffe kann der menschliche Organismus nicht selbst herstellen. Sie müssen daher in unserer Nahrung stecken, trotzdem erfüllen sie lebensnotwendige Arbeiten: So liefern sie die Baustoffe für Knochen und Zähne, regeln den Wasserhaushalt im Körper, wirken auf Herz und Kreislauf und sind wichtig für Muskulatur und Nerven.

Die benötigten Mengen sind dabei ganz unterschiedlich: Beim Natrium, welches wichtig für den Wasserhaushalt ist, sind es 500 Milligramm pro Tag für einen Erwachsenen, beim Kalzium (wichtig für Knochen und Zähne) sogar 800 bis 1 000 Milligramm. Von Spurenelementen wie Eisen oder Zink braucht der Körper dagegen gerade mal eine Prise pro Tag.

Für Mineralien gilt dasselbe wie für Vitamine: Sie sind ideal verfügbar und für den Körper verwertbar, wenn sie aus Lebensmitteln und nicht aus chemischen Präparaten bezogen werden. Die wichtigsten Mineralien und Spurenelemente sind:

CHLORID reguliert den Wasser- und den Säure-Basen-Haushalt (aus Koch- und Meersalz).

NATRIUM hilft (aus Kochsalz) mit Kalium (aus Bananen, Aprikosen, Pflaumen, Milchprodukten, Fleisch, Fisch) die Druckverhältnisse der Körperflüssigkeiten aufrechtzuerhalten.

KALZIUM ist wichtig für die Bildung von Knochen- und Zahnsubstanz sowie die Erregbarkeit von Muskeln und Nerven (aus Milchprodukten, Käse wie Brie, Edamer, Gouda, Parmesan, Ziegenweichkäse, Brokkoli, Grünkohl oder Spinat).

PHOSPHOR ist Bestandteil des Skeletts und wichtig für die Energiegewinnung und -umwandlung (aus Käse, Milch, Fleisch).

MAGNESIUM ist Bestandteil von Knochen und Zähnen, schiebt verschiedene Stoffwechselreaktionen bzw. Enzyme an, auch wichtig für die Muskel- und Nervenreizbarkeit (aus Gerste, Grünkern, Hirse, Kakao, Kürbiskernen, Leinsamen, Mohn, Sesam, Sojabohnen).

EISEN ist beteiligt am Sauerstofftransport im Blut und wichtiger Baustoff des roten Blutfarbstoffs Hämoglobin (aus Fenchel, Hirse, Kalbsleber, Kalbsnieren, Linsen, Mangold, Pfifferlinge, Schwarzwurzel, Schweinefilet, Spinat, Sojabohnen).

JOD ist wichtig für die Bildung und Aktivierung der Vorstufen des Schilddrüsenhormons Thyroxin (aus jodiertem Speisesalz, Algen, Fisch, Meeresprodukten).

FLUOR ist wichtig für Knochen und Zähne. Aber: nur in winzigsten Mengen! (Aus schwarzem Tee, Mineralwasser, Innereien und Fisch.)

MANGAN schiebt viele Stoffwechselreaktionen an (aus Bananen, Nüssen, schwarzem Tee).

KUPFER ist wichtig für den Bindegewebsstoffwechsel sowie zum Eisentransport (aus Obst, Pilzen).

SELEN wirkt entgiftend und stärkt das Immunsystem (aus Fisch, Fleisch, Milch, Nüssen, Eiern, Leber).

ZINK stärkt die Zellen, ist Bestandteil vieler Enzyme und Eiweiße, wichtig im Zucker-, Fett- und Eiweißstoffwechsel, für das Immunsystem und den Hormonstoffwechsel (aus Austern, Garnelen, Gerste, Gouda, Edamer, Hummer, grünem Blattgemüse, Kohl, Mandeln, Innereien, Kalb-, Rind-, Lamm- und Schweinefleisch).

FOODWERKSTATT-
KNOW-HOW

Gesundheitspower pur: Bioaktive Pflanzenstoffe

Pflanzen bestehen nicht nur aus Wasser, Fett, Eiweißen und Ballaststoffen. In ihnen steckt noch weit mehr. In Gemüse, Kräutern, Bäumen und Blumen stecken auch winzige Mengen von Substanzen, die ihnen helfen zu überleben: Entweder handelt es sich dabei um Farb- oder Duftstoffe, die Insekten zur Bestäubung anziehen, oder sie schützen vor Bakterien, Pilzen und Krankheiten sowie vor schädlicher UV-Strahlung und beeinflussen das Wachstum. Die Zahl dieser unterschiedlichen Mikronährstoffe wird auf 60 000 bis 100 000 geschätzt, nur ein Bruchteil von ihnen ist näher erforscht. Mehr als 100 000 von ihnen stecken in essbaren Pflanzen wie Gemüse und Obst, Getreide und Gewürzpflanzen. Auch für uns können diese bioaktiven Stoffe wichtige Schutzfunktionen ausüben, indem sie beispielsweise zellschädigende Sauerstoffverbindungen (freie Radikale) abfangen, das Immunsystem stärken und sogar krebsvorbeugend wirken können. Ihre gesundheitsfördernde Wirkung entfalten sie vermutlich nur im Zusammenspiel mit anderen Bestandteilen der Pflanze, das heißt mit allen genießbaren Bestandteilen von Gemüse, Obst und Kräutern.

Bioaktive Pflanzenstoffe werden in verschiedene Gruppen eingeteilt. Die bedeutendsten unter ihnen sind:

CAROTINOIDE: Bei ihnen handelt es sich um Farbstoffe in rot- oder gelbfarbigem Gemüse oder Obst. Das bekannteste unter ihnen ist das Beta-Carotin, dem eine vorbeugende Wirkung auf Lungenkrebs zugeschrieben wird. Das liegt daran, dass Carotinoide als Radikalenfänger dienen. Beta-Carotin steckt in Möhren, roten Paprika, Kürbis, Aprikosen und Tomaten. Aber auch grüne Gemüsesorten wie Grünkohl, Wirsing, Spinat und Feldsalat, bei denen das grüne Chlorophyll die orange-rote Farbe überdeckt, sind gute Beta-Carotin-Quellen.

FLAVONOIDE sind eine Gruppe wasserlöslicher Pflanzenfarbstoffe und stecken in fast allen Obst- und Gemüsearten. Typisch für flavonoidreiche Pflanzen ist daher ihre kräftig-rote Farbe, wie bei Roter Bete, Rotkohl, Auberginen, Kirschen und Trauben.

SULFIDE sind Salze des Schwefelwasserstoffs und verantwortlich für den scharfen Geschmack von Knoblauch, Zwiebeln, Lauch und Schnittlauch. Sie regen den Stoffwechsel an.

GLUCOSINOLATE wirken entgiftend und stecken in hohen Konzentrationen in allen Kohlarten, in Kresse, Radieschen und Rettich.

SULPHORAPHAN wirkt ebenfalls krebsvorbeugend. Es steckt in Pflanzen aus der Familie der Kreuzblütler wie Kohl, Senf, Kresse, Meerrettich oder Raps(öl).

PHYTOSTERINE stecken reichlich in den Zellwänden fettreicher Pflanzenteile wie in Sonnenblumenkernen, Sesamsamen und Nüssen, aber auch in Rosenkohl, schwarzen Oliven und Sojabohnen. Sie verhindern im Darm die Aufnahme des Cholesterins aus der Nahrung und senken nachweislich den Cholesterinspiegel.

POLYPHENOLE schützen vor Arterienverkalkung. Zu ihnen gehören unter anderem Flavonoide und Phenolsäuren. Sie stecken in Äpfeln (alte Sorten!), in Zwiebeln, Endiviensalat, in blauen Trauben, Kakao, grünem Tee und Rotwein.

FOODWERKSTATT-
KNOW-HOW

EAT, DRINK, LOVE

Es ist aus gesundheitlicher Sicht eigentlich noch viel wichtiger als Essen. Denn ohne Nahrung können wir es rein theoretisch Tage oder sogar Wochen durchhalten. Das steckt seit Urzeiten in unseren Genen, als gut bestückte Supermärkte und Junkfood noch reinste Science-Fiction waren. Wer allerdings längere Zeit keine Flüssigkeit zu sich nimmt – und dazu zählen nur kalorienfreie Getränke wie Wasser, Tee oder Kaffee – hat nicht mehr viel Spaß.

Wasser marsch!

Das liegt daran, dass wir zu über der Hälfte aus Wasser bestehen. Ein erwachsener Mann besteht zu etwa 60 Prozent aus Körperwasser, eine Frau zu 50 bis 55 Prozent, ein Baby sogar zu 75 bis 80 Prozent. Trotzdem trinken die meisten zu wenig. Das kennst du vielleicht auch: Mundtrockenheit, Durstgefühl, aber auch eine eingeschränkte Leistungs- und Konzentrationsfähigkeit, Schwindelgefühle, Kreislaufprobleme oder Kopfschmerzen. Der Körper kann also nur gut funktionieren, wenn du den prozentualen Wasseranteil aufrechterhältst. Dabei übernimmt Wasser im Körper viele unterschiedliche Funktionen. Es dient als Baustoff für Zellen, als Lösungs-, Transport- und Kühlmittel und als Reaktionspartner bei bestimmten chemischen Reaktionen.

Das gibt's zu trinken

Wer die Qual hat, hat die Wahl. Dabei ist es eigentlich ganz einfach: Wasser ist die Empfehlung Nummer 1. Rechtlich gilt Wasser als Lebensmittel und muss jederzeit hygienisch und chemisch vollkommen einwandfrei sein. Die Trinkwasserqualität in Deutschland ist in den meisten Regionen sehr gut. Erkundige dich bei deinem Wasserwerk. Zwei bis drei Liter – je nach körperlicher Aktivität oder wenn es warm ist – sollten es dann täglich sein.

MINERALWASSER stammt aus natürlichen oder künstlich erschlossenen Quellen. Sein Gehalt an Mineralstoffen, Spurenelementen und sonstigen Bestandteilen muss eine ernährungsphysiologische Wirkung aufweisen. Als natürliches Mineralwasser darf nur Wasser bezeichnet werden, das amtlich anerkannt ist.

FRUCHT- UND GEMÜSESÄFTE werden zu 100 Prozent aus frischen Früchten hergestellt, ohne Zusätze. Die Fruchtsaftverordnung erlaubt allerdings, dass bei Früchten, die weniger süß sind, mit bis zu 15 Gramm Zucker pro Liter nachgesüßt werden darf. Das muss aber auf dem Zutatenverzeichnis stehen. Neben sortenreinen Fruchtsäften wie Apfel-, Orangen- oder Traubensaft gibt es auch Säfte aus mehreren Fruchtarten. Ein Glas Saft ist wie ein Snack zwischendurch. Zum Auffüllen der Flüssigkeitsreserven sind Säfte weniger geeignet.

FRUCHTNEKTARE stammen aus Früchten, Saft oder Konzentrat mit Wasser und Zucker(arten), bis zu 20 Prozent sind erlaubt. Der Fruchtsaftgehalt beträgt zwischen 25 und 50 Prozent.

GEMÜSENEKTARE sind verdünnte Zubereitungen aus Gemüsesaft. Der Anteil an Gemüsesaft muss mindestens 40 Prozent betragen.

Fruchtsaftgetränke zählen zu den sogenannten Erfrischungsgetränken, zu denen auch Limonaden gerechnet werden. Sie bestehen aus Trinkwasser, Fruchtsaft, Fruchtaromen, Zucker und gegebenenfalls Zusatzstoffen. Je nach Fruchtart beträgt der Mindestfruchtsaftgehalt zwischen 6 und 30 Prozent.

> FOODWERKSTATT-
> KNOW-HOW

ZUCKERGESÜSSTE ERFRISCHUNGSGETRÄNKE wie Limonaden, Softdrinks, Fruchtsaftgetränke, Nektare, stark gezuckerte Eistees sowie süße Kaffeegetränke aus dem Kühlregal und auch Bubble Tea sind mit ihrem hohen Zucker- und geringen Nährstoffgehalt nicht empfehlenswert, wenn es ums Durstlöschen geht. Außerdem enthält ein Becher bis zu 500 Kilokalorien und kann damit eine volle Hauptmahlzeit ersetzen.

Auch **ENERGYDRINKS** liefern nichts Wertvolles. Die Kalorien, die sie aufgrund ihres Zuckergehalts mitbringen, bezeichnet man daher als „leere Kalorien". Besonders billig für die Hersteller ist Sirup (meist aus Mais), der Getränken und auch vielen Fertigprodukten beigemischt wird. Er besteht bis zu 90 Prozent aus Fruktose. Probiere doch mal meine DIY-Alternative auf Seite 132.

In sogenannten **DIÄTGETRÄNKEN** steckt wiederum kaum Zucker, dafür aber Ersatzstoffe wie Aspartam oder Saccharin, die kritisch diskutiert werden.

Trinktipps & Tricks!

👉 Organisiere deine Flüssigkeitszufuhr! Es ist notwendig, immer genug sowie der körperlichen Belastung und den Witterungsverhältnissen entsprechend zu trinken.

👉 Stelle dir morgens schon deine „Tagesmenge" bereit und habe, wo du gehst und stehst, eine Trinkflasche mit. Stelle dir ein Glas Wasser auch auf den Nachttisch.

👉 Eine Kiste Wasser im Auto oder eine Flasche im Cupholder ist praktisch, um auf dem Weg zur Arbeit oder bei anderen Fahrten den Flüssigkeitshaushalt zu stabilisieren.

👉 Plane kurze Arbeitsunterbrechungen immer auch als „Trinkpausen" ein!

👉 Fülle jedes leere Glas sofort wieder auf!

👉 Führe mal einen Tag lang ein Trinkprotokoll und hänge es an deinen Kühlschrank. So checkst du deine Trinkgewohnheiten.

👉 Trink- oder Mineralwasser sowie zuckerfreie Kräuter- und Früchtetees sind die beste Wahl. Für geschmackliche Abwechslung kannst du einen Spritzer Zitronensaft, frischen Ingwer oder Pfefferminze zugeben. Auch wasserreiche Lebensmittel wie Melonen, Tomaten und Gurken können bei Trinkmuffeln zur Flüssigkeitsversorgung beitragen.

👉 Ungesüßter Kaffee ohne Milch dient ebenfalls der Flüssigkeitsversorgung und wirkt nicht entwässernd, wie es lange hieß. Wichtig ist eine gute Qualität und er sollte frisch, kurz und nicht zu heiß gebrüht sein. Dazu am besten ein Glas stilles Wasser trinken.

👉 Filtere dein Wasser, denn Kalk ist der größte Geschmackskiller!

FOODWERKSTATT-KNOW-HOW

FOOD-WERKSTATT-VORRAT

Mit den folgenden Grundzutaten, die du immer im Haus haben solltest, bist du für jede Kochaktion und jeden kleinen oder größeren Hunger bestens gerüstet. Außerdem spart ein geschickt eingekaufter Vorrat jede Menge Zeit, weshalb die Ausrede „das dauert viel zu lange" spätestens ab jetzt nicht mehr zählt. Blende beim Einkaufen bestimmte Nahrungsmittel, die mit Lebensmitteln nichts zu tun haben, aus und achte auf Qualität vor Quantität.

KÜHLSCHRANKVORRAT

- Butter
- 1 Packung Bio-Eier
- 1 Flasche oder 1 Tetra Pak Milch (nach Belieben fettarm)
- je 1 Becher Sahne, saure Sahne, Joghurt oder Crème fraîche (eventuell fettreduziert)
- 1 großer Becher Joghurt (halbfett)
- 1 Packung Frischkäse
- 1 Becher Quark
- Hartkäse (Parmesan, Grana)
- 1 Mozzarella

KRÄUTER

Basilikum, Minze, Schnittlauch, Petersilie, Dill, Zitronenmelisse oder Majoran geben jedem Gericht eine besondere Note und schmecken frisch geschnitten am besten. Aromatische Mittelmeerkräuter wie Rosmarin, Lavendel und Thymian sollten auf dem Balkon stehen oder ausgepflanzt werden (siehe auch Seite 159). Lege dir in ein sauberes Schraubglas oder eine Vorratsdose ein angefeuchtetes Küchenpapier und stelle die Kräuterstängel ohne Gummiband hinein. Anschließend schraubst du das Glas zu. Wichtig: Die Kräuter sollten auf keinen Fall im Nassen liegen, da sie sonst matschig und ungenießbar werden. Im Kühlschrank sind die Kräuter im Glas so bis zu acht Tage haltbar.

GEFRIERFACHVORRAT

BEEREN, TIEFKÜHLFISCH, MEERESFRÜCHTE, GARNELEN

FOODWERKSTATT-KNOW-HOW

SCHRANKVORRAT

* 1 Flasche oder 1 Tetra Pak Fruchtsaft
* Sonnenblumenkerne, Sesamkörner, Leinsamen, Kürbiskerne
* Knäckebrot, Pumpernickel, Reiskräcker
* Trockenfrüchte (Aprikosen, Apfelringe, Feigen, Datteln, Pflaumen, Rosinen)
* gefriergetrocknete Früchte
* Marmelade oder Fruchtaufstrich
* Honig (bitte unbedingt auf die Herkunft achten, keinen gepanschten Honig kaufen!)
* Agavendicksaft
* brauner und weißer Zucker
* Kartoffelpüreepulver
* Mehrkorngetreide, Weizenkleie, Haferflocken
* gefriergetrocknetes Gemüse
* Haferkleie, Weizenkeime
* Couscous
* Mehl
* Kartoffel- oder Maisstärke
* Reis
* Eiernudeln (generell hochwertige Teigwaren) alternativ: Mie- oder Woknudeln
* 1 Glas Senf
* Essig (echter Balsamico, Obstessig)
* Pflanzenöle (zum Beispiel Oliven-, Walnuss-, Raps-, Lein-, Kokosöl)
* Tomatenmark
* je 1 Packung Berglinsen, Bohnen, Erbsen (getrocknet)
* je 2 Konserven (zum Beispiel Dosentomaten, Kidneybohnen, weiße Bohnen)
* 1 Glas Gewürzgurken
* 1 Glas oder Pck. Apfelmus
* 1 Flasche trockener Weiß- oder Rotwein
* Salz und schwarzer Pfeffer aus der Mühle

- Gewürze, klassische Suppengewürze: Muskatnuss, Piment, Wacholderbeeren, schwarze Pfefferkörner, Fenchelsamen, Lorbeerblätter, Gewürznelken, Senfkörner, Paprika- und Currypulver, Chilischoten
- Sojasauce (ohne Zusätze, japanisch)
- Tamari
- Worcestersauce
- Gemüsebrühe (Pulver oder Würfel)
- Zwiebeln, Schalotten, Knoblauch, Kartoffeln (dunkel und kühl lagern)

Gute Öle

Es gibt sie in den unterschiedlichsten Geschmacksrichtungen: Zwei Sorten solltest du davon mindestens in deinem Vorrat haben. Kalt gepresste Pflanzenöle aus Traubenkernen, Kürbiskernen oder Walnüssen sind sehr aromatisch und schmecken gut zu kalten und warmen Salaten sowie in Marinaden über Gemüse oder Tofu. Sie sollten dunkel und kühl (nicht im Kühlschrank!) aufbewahrt werden, da sie sonst leicht oxidieren. Licht ist der Killer aller Nährstoffe. Raps-, Hanf- und Leinöl, die ebenfalls zu dieser Gruppe gehören, sind hervorragende Quellen für die gesunden Omega-3-Fettsäuren. Auch Leinöl sollte nur kalt verwendet und nicht erhitzt werden. Neutraler schmecken Öle wie Weizenkeimöl oder Sonnenblumenöl. Zum Erhitzen ideal sind Rapsöl und Erdnussöl. Alle liefern außerdem ungesättigte Fettsäuren (siehe auch Seite 27), welche die Gesundheit von Herz und Kreislauf stärken. Achte beim Einkauf auf die Herkunft. Kalt gepresst ist immer die beste Herstellungsmethode!

Achte auf die Unverderblichkeit sowie eine hohe Kombinationsmöglichkeit deiner Basiszutaten, dann bist du frei in deinen Kochaktionen.

Fast-Foodwerkstatt-Rezepte

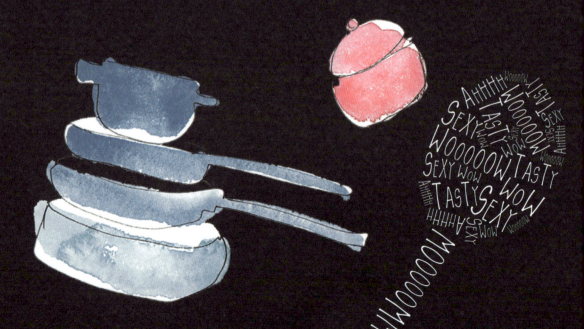

Geht schnell, schmeckt superlecker und du bist raus aus dem Einheitsgeschmacksbrei (und dem Schlangestehen an der Dönerbude).

Beeindrucke deine Freunde und Liebsten mit dem schnellsten Food der Welt aus deiner Werkstatt. Ideal für Heißhunger, zum Mitnehmen oder abends zum Karten- oder Filmeabend.

FAST-FOOD-WERKSTATT-REZEPTE

1, 2, 3 – Burger mit Toasties

Für 4 Burger Pattys

* 720 g Hackfleisch (aus 2 Teilen Schulter, 1 Teil Leiter, 1 Teil Brust)
* 4 Scheiben Cheddarkäse
* 4 Toastbrötchen

 **SO GEHT'S:**

1. Lass dir das Hackfleisch von deinem Metzger aus den angegebenen Stücken zusammenstellen und auf 5 mm wolfen. Die Temperatur nach dem Wolfen sollte 1 °C nicht überschreiten. Der Fettanteil sollte ca. 20 Prozent betragen und das Fleisch sollte auf jeden Fall frei von Knochen und Knorpeln sein.

2. Forme vier Pattys und brate diese in der Pfanne in heißem Öl oder auf dem Grill medium. Überbacke sie mit Cheddar.

3. Toaste die Brötchen. Belege sie mit Burgerrelish und dem überbackenen Cheddarpatty.

FAST-FOOD-WERKSTATT-REZEPTE

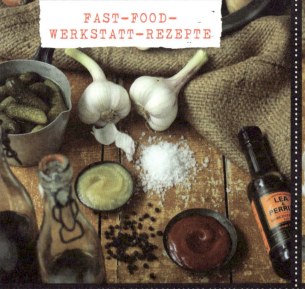

The Ultimate Burgerrelish

- 1 Tasse Gewürzgurken
- 1 Tasse Zwiebeln
- 1 Knoblauchzehe
- 3 EL Öl
- 1 Tasse Sojasauce
- 2 Tassen Ketchup
  (siehe Rezepte Seite 112)
- 1 TL Worcestersauce
- 1 TL Apfelmus
- Salz
- Schraubgläser

 **SO GEHT'S:**

 Die Gewürzgurken fein hacken. Zwiebeln und Knoblauch abziehen, klein würfeln und in einer Pfanne mit dem Öl bei kleiner Hitze 3 Minuten anschwitzen. Mit Sojasauce ablöschen, sodass der Pfannenboden bedeckt ist.

 Gewürzgurken hinzugeben, Ketchup unterrühren und alles leicht köcheln lassen. Mit Worcestersauce abschmecken. 1 TL Apfelmus unterrühren und alles etwas salzen. Bei kleiner Hitze ziehen lassen.

 In saubere Gläser füllen und verschließen. Kurz auf den Kopf stellen.

Helle Burgersauce

* 2 EL Öl
* 4 Tassen Lauch, fein gehackt
* 1 Tasse Schalotten, fein gewürfelt
* 4 El Essiggurke, klein gehackt
* 4 Tl Dijon-Senf
* 2 TL Essiggurkenwasser
* 1 Tasse Sahne

 SO GEHT'S:

 In einer Pfanne mit heißem Öl den Lauch und die Schalotten möglichst langsam bei sehr niedriger Temperatur glasig anschwitzen. Die restlichen Zutaten hinzugeben und unter Rühren 8–10 Minuten einkochen lassen.

Dunkle Burgersauce

* 1 Tasse Zwiebeln, klein gewürfelt
* 1 EL Apfelmus
* 2 Tassen Tomatenketchup
* 3 EL Senf
* 1/2 Tasse Cornichons, gehackt
* 1 Spritzer Worcestersauce

> Das Relish schmeckt auch hervorragend mit etwas klein geschnittener Mango, die du roh unterrührst, angeschwitzten Paprikawürfeln oder feinen Ringen von Frühlingszwiebeln. Du kannst es auch zu Grillfleisch servieren. Nice to eat und es bleibt alles auf dem Burger.

 SO GEHT'S:

 In einem Topf mit etwas heißem Öl die Zwiebeln langsam anschwitzen. Die restlichen Zutaten unterrühren und ca. 5 Minuten leicht köcheln lassen. Lauwarm servieren.

FAST-FOOD-WERKSTATT-REZEPTE

Veggie-Burger
Für 4 Pattys

- 1 Zwiebel, fein gewürfelt
- etwas Pflanzenöl
- 1 kleine Dose Kidneybohnen (200 g)
- 1 Knoblauchzehe, gepresst
- 3 EL Haferflocken
- Salz und Pfeffer
- 1 Prise Korianderpulver
- 1/2 TL Cumin
- 1/4 Bund Petersilie, gehackt
- 1 große Möhre, geraspelt
- 2 TL Umamipaste
- nach Belieben Cheddarkäsescheiben
- Tomatenscheiben
- Avocadoscheiben

SO GEHT'S:

 Die Zwiebel in einer Pfanne in heißem Öl glasig anschwitzen. Gib nun die restlichen Zutaten in eine Schale und vermenge sie mit den Händen oder einer Gabel zu einer halbfesten Masse. Dabei die Kidneybohnen nur grob zerdrücken, sodass eine etwas ungleichmäßige Struktur erhalten bleibt.

 Die Masse erst zu vier gleichmäßige Kugeln und diese dann zu Pattys formen und bei mittlerer Hitze mit etwas Pflanzenöl in der Pfanne 3–4 Minuten von jeder Seite braten.

 Die Schnittflächen eines Burgerpattys rösten und mit heller Burgersauce bestreichen. Das Patty nach Belieben mit Cheddar überbacken und mit 2 dünnen Tomatenscheiben und 3 Avocadoscheiben auf den Burger geben. Zusammenbauen und genießen.

Rote-Bete-Burger

Für 4 Pattys

* 350 g geraspelte Rote Bete (roh)
* 1 kleine Zwiebel, gewürfelt
* 3/4 Tasse Haferflocken
* 1 EL Sojasauce
* 1/2 Fetakäse
* 1 Knoblauchzehe, gepresst
* Salz

 SO GEHT'S:

 Hier nimmst du einfach alle Zutaten und vermengst sie zu einer gleichmäßigen Masse. Lasse das Ganze ca. 30 Minuten ziehen. Forme dann 4 Pattys und brate sie in einer Pfanne in etwas heißem Öl 3 Minuten von jeder Seite.

Zu dem Rote-Bete-Burger kannst du neben den üblichen Belägen wie Salat oder Tomaten auch Mangos oder Papayas verwenden. Gerade in Kombination mit einer Chilisauce ergänzen diese Früchte den erdigen Geschmack der Roten Bete.

FAST-FOOD-WERKSTATT-REZEPTE

Ultimate Currywurst

Für 2 Personen (für ca. 800 ml)

- 1 Gemüsezwiebel
- 1/2 Tasse Currypulver
- 1 Tube Tomatenmark
- 1 Glas Apfelmus (370 g)
- 5 El Sojasauce
- 3 Tassen Wasser
- 2 TL Umamipulver
- 1 EL Cayennepfeffer
- 2 Bratwürste nach Geschmack (mit möglichst 80 % Fleischanteil)

SO GEHT'S:

 Die Gemüsezwiebel würfeln und in einem Topf in etwas heißem Öl glasig anschwitzen. Dann gibst du das Currypulver hinzu und lässt es kurz mit den Zwiebeln anrösten (nicht anbrennen lassen!!).

 Die restlichen Zutaten unterrühren und alles bei niedriger Temperatur 10 Minuten köcheln lassen. Dabei musst du regelmäßig umrühren, damit nichts anbrennt.

 Sollte dir deine Sauce zu dick sein, kannst du mehr Wasser hinzugeben. Die Sauce sollte allerdings noch gut an der Wurst haften bleiben.

 Die Wurst in einer heißen Pfanne oder unter dem Grill anbraten, klein schneiden und die Sauce darüber geben.

Du kannst diese Grundsauce noch nach Belieben verfeinern, in dem du einfach 1-2 EL Marsala, besondere Currymischungen, Shrimppaste, Chili, Koriander oder Ähnliches beigibst. Du kannst deine Wurst zubereiten – wie du möchtest – egal, ob aus dem Topf, ohne Darm oder gegrillt – do as you like.

FAST-FOOD-WERKSTATT-REZEPTE

Stapel-Chips

Für 2 Personen

* 1 Tasse Kartoffelpüreepulver
* 1/2 Tasse Stärke (z. B. Tapioka-, Kartoffelmehl oder Maisstärke)
* 1 EL Salz
* 1 Tasse Wasser
* neutrales Öl zum Frittieren
* nach Belieben 2 EL Trockenzerealien
  (z. B. Sesamsamen, gefriergetrocknetes Gemüse)

SO GEHT'S:

 Zunächst alle Zutaten zu einem homogenen Teig verkneten. Dünn auf der Arbeitsplatte ausrollen oder auf eine Backmatte streichen. Mit einem Ring (Glas) ausstechen oder mit einem Messer ausschneiden. So bringst du den Teig in die gewünschte Form.

 Erhitze das Fett in einem Topf auf 170 °C, nicht heißer, um die Chips in 1–2 Minuten zu frittieren. Auf Küchenpapier entfetten.

TIPP:

Für eine fettärmere Variante kannst du die hauchdünn aufgestrichene Masse auf der Backmatte im Ofen in ca. 2 Std bei 90 °C Umluft trocknen. Die Chips kannst du mit allerlei trockenen Zutaten pimpen, in dem du zum Beispiel geräuchertes Paprikapulver, Pfeffer, Senf, Wasabipulver, Chilipulver, TK-Gemüse, Trüffelpaste hinzugibst. Statt einem Ring kannst du auch einfach ein Glas nehmen oder einen Plätzchenausstecher, ganz wie du magst.

FAST-FOOD-WERKSTATT-REZEPTE

Gemüse-Chips

für 1 Blech

> Durch das Blanchieren kannst du die Gemüsechips beim Frittieren noch gleichmäßiger garen. Dabei entstehen die Röststoffe langsamer, sodass die Chips genug Zeit haben, maximal knusprig zu werden.

* 1 Knolle Wurzelgemüse (z. B. Rote Bete, Pastinake, Steckrübe, Knollensellerie, Topinambur, Petersilienwurzel)
* 2 Fingerbreit hoch neutrales Öl zum Frittieren
* Meersalz

☞ SO GEHT'S:

 Das Gemüse waschen und schälen und auf einer Vierkantreibe in 2 mm dicke Scheiben hobeln.

 Die Scheiben in einen Topf mit kochendem Wasser geben und 10 Sekunden blanchieren. Anschließend in eiskaltem Wasser abschrecken.

 Das Öl in einem Topf auf 170 °C erhitzen und die Gemüsescheiben 1–2 Minuten frittieren. Mit einer Schaumkelle herausheben und auf Küchenpapier entfetten und salzen.

Grünkohl-Chips

für 2 Bleche

Experimentiere mit verschiedenen Gewürzen wie Curry, Rosenpaprika oder Wasabipulver, um deinen eigenen Lieblingschip zu kreieren. Das Rezept funktioniert auch wunderbar mit Wirsing.

* 7 Blätter Grünkohl
* 2,5 EL Olivenöl
* Salz und Pfeffer
* Chilipulver
* gerösteter Nussgrieß (Mandelmehl, aus dem Backregal)

SO GEHT'S:

1. Wasche die Grünkohlblätter, tupfe sie trocken und schneide sie in mundgerechte Stücke. Heize den Ofen auf 110 °C Umluft vor.

2. Vermische die übrigen Zutaten in einer Schüssel. Wende dann jedes Kohlstück in der Mischung aus Öl und Gewürzen und lege sie nebeneinander auf ein Backblech. Backe die Chips im Ofen ca. 45 Minuten lang und lasse sie anschließend abkühlen.

FAST-FOOD-WERKSTATT-REZEPTE

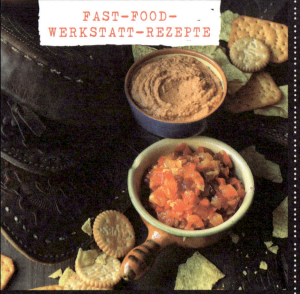

Dips

Für 4 Personen

Tomatendip

* 1 Dose Kichererbsen
* 1-2 Knoblauchzehen
* 8 getrocknete Tomaten (Glas)
* 5 EL Sesampaste (Tahin)
* 2 EL Tomatenmark
* 3 EL Zitronensaft
* 1 Tasse Eiswürfel

Der Tomatendip eignet sich gut als Brotaufstrich oder auch gerne mal als Ersatz für eine klassische Sättigungsbeilage zu Fisch, Fleisch oder Tofu.

 SO GEHT'S:

 Alle Zutaten zusammen in einem hohen Gefäß mit dem Stabmixer zu einer feinen Paste pürieren.

PAPRIKA-PAPAYA-CHUTNEY

* 1 kleine Papaya
* je 1 rote und gelbe Paprikaschote
* Olivenöl
* 1/4 Tasse heller Essig (z. B. Weißwein oder Apfel)
* 1 EL Umamipaste (Maggi Fix, Seite 114)
* 1 Tasse Wasser
* 4 EL Rohr- oder Palmzucker
* Salz

Das Chutney passt hervorragend zu gegrilltem Fleisch, Fisch und Meeresfrüchten oder einfach zu Tortillachips. Wenn du es scharf magst, kannst du auch eine Chilischote hinzugeben.

SO GEHT'S:

1. Papaya halbieren, entkernen, schälen und fein würfeln. Paprikaschoten waschen, putzen und klein würfeln.

2. In einer Pfanne etwas Olivenöl erhitzen und die Paprika darin bei niedriger Temperatur langsam anschwitzen. Dann die übrigen Zutaten hinzugeben und ca. 5 Minuten unter Rühren köcheln lassen, bis die Papaya musig und das Chutney auf die gewünschte Konsistenz eingekocht ist. Nun schmeckst du es noch mit Salz ab.

AVOCADO-MANGO-SALSA

* 2 Avocado, gewürfelt
* 1 Mango, gewürfelt
* Saft von 3 Limetten
* 4 El Agavendicksaft
* 1 Handvoll Korianderblätter
* 2 EL Madras-Currypulver
* 5 El Olivenöl

Diese Salsa ist schön als Topping zu deinem Blattsalat oder auch zu Muscheln, Garnelen oder hellem Fisch.

SO GEHT'S:

1. Alle Zutaten in einem hohen Gefäß mit dem Stabmixer cremig pürieren.

Beim Selbermachen bekommst du mehr fürs Geld, mehr Ware und mehr Bekömmlichkeit.

Und: mehr Geschmacksflexibilität

FAST-FOOD-WERKSTATT-REZEPTE

EINKAUFS-NAVI

Ich kaufe regionale Produkte und saisonal geerntete Früchte und Gemüse ein. Natürlich kaufe ich auch Spezialitäten aus dem Ausland, die Basics stammen jedoch aus der Gegend, in der ich lebe und arbeite. Das ist gut für die Umwelt, unterstützt die lokale Wirtschaft, erhält Arbeitsplätze und hilft, die heimische Kulturlandschaft zu erhalten. Saisonkalender helfen bei der Einkaufsplanung.

Du solltest beim Einkaufen die Produkte sehen können. Und wenn es Verpacktes sein muss, dann bitte die Etiketten lesen und überlegen, ob du das, was da drinsteckt, wirklich essen willst.

SAISONAL GEERNTETES GEMÜSE UND OBST hat die beste Ökobilanz, den höchsten Nährstoffgehalt und den besten Geschmack. Kaufe nur voll ausgereifte Produkte und achte auf Konsistenz, Farbe, Geruch, Herkunft – und natürlich, worauf du Bock hast.

FISCHE UND MEERESFRÜCHTE verderben besonders schnell. Im Zweifel greife zu TK-Produkten, da diese fast immer kurz nach dem Fang gefrostet werden. Fisch sollte aus nachhaltigem Fischfang stammen. Das ASC-Siegel (Aquaculture Stewardship Council) oder MSC (Marine Stewardship Council) steht für hohe Umwelt- und Sozialstandards. Auch Fisch aus heimischer ökologischer Teichwirtschaft oder Öko-Aquakulturen ist nachhaltig.

EIERKARTONS darfst du öffnen, damit du sehen kannst, ob ein Ei zerbrochen ist. Kaufe nur Eier, die einen sichtbaren Stempelcode tragen (0 steht für Bio, 1 für Freiland, 2 für Bodenhaltung, 3 für Kleingruppenhaltung). Am besten sind Bio-Eier.

FLEISCH UND GEFLÜGEL sollten aus artgerechter Tierhaltung stammen. Am besten kaufe bei einem Metzger deines Vertrauens ein. Du solltest ihn nach Herkunft, Rasse und Haltung des Tiers fragen können. Bei Hähnchen greife zu Weidehähnchen, die kosten etwas mehr, es lohnt sich aber auf jeden Fall. Und: Nur intermuskuläres Fett ist gutes Fett und das gibt es nur bei Weidetieren, die sich viel bewegen dürfen.

INDUSTRIEBROT UND -GEBÄCKE stecken voller Zusatzstoffe, künstlicher Backtriebmittel und Aromen (siehe Seite 123). Hole dein Brot deshalb lieber vom Bäcker um die Ecke oder backe selbst.

- VERNÜNFTIGER KAFFEE (KEIN 100-PROZENTIGER ARABICA!)
- SELBST GEMACHTE MARMELADE
- FRANZÖSISCHE BUTTER
- KÄSE AM STÜCK
- WURST AM STÜCK
- FRISCHES GEMÜSE (BROKKOLI, ROTE BETE, KÜRBIS IM OFEN GEBACKEN)
- SOJASAUCE

FAST-FOOD-WERKSTATT-REZEPTE

Schnelle Nudeln

Für 4 Personen

* 500 g Spaghetti (8–10 Minuten Kochzeit)
* 1,2 l Wasser
* 4 Sardellenfilets, gehackt
* 500 g Kirschtomaten, halbiert
* 2 EL Kapern
* 1 Handvoll Oliven, getrocknet
* 1 Knoblauchzehe, gepresst
* 5 EL Olivenöl
* Salz, Rohrzucker, Pfeffer
* Parmesan nach Belieben

👉 SO GEHT'S:

 Alle Zutaten gibst du zusammen in einen Topf, der von der Grundfläche so groß ist, wie die Pasta lang ist. Gib das heiße Wasser hinzu und bring alles zum Kochen.

 Lass die Nudeln 7–9 Minuten köcheln und rühre dabei immer wieder um, damit die Zutaten nicht am Topfboden ansetzen.

 Zum Schluss mit Salz, Pfeffer und Knoblauch abschmecken und anrichten. Nach Belieben mit etwas geriebenem Parmesan bestreuen.

Beachte, dass unterschiedliche Nudeln auch verschiedene Garzeiten haben. Das heißt, die Menge des benötigten Wassers kann variieren. Gib lieber zu Beginn etwas weniger Wasser als nötig hinzu. Du kannst ohne Probleme später noch Wasser dazugeben, falls die Nudeln noch zu hart sind oder deine Sauce nicht flüssig genug ist.

Du kannst die Zutaten nach deinem Geschmack austauschen und auch die Nudelsorte, das Verfahren bleibt immer das gleiche.

ZUM BEISPIEL:

500 g Tagliatelle, 1,1 l Wasser, 1 Tasse Erbsen, 2 Tassen Champignonscheiben, 1/4 Tasse gehackte Zwiebel, 1/4 Tasse Pinienkerne, 2 EL Instant-Gemüsebrühe (Rezept Seite 96), geriebener Pecorino

500 g Fusilli, 1,3 l Wasser, 20 Venusmuscheln, 2 gepresste Knoblauchzehen, 1 Handvoll Rucola, 1 Tasse gehackte Petersilie, 250 g halbierte Kirschtomaten, 1/2 Packung zerbröselter Fetakäse

FAST-FOOD-WERKSTATT-REZEPTE

Döner

Für 4 Personen

- 300 g Lammsteak (aus der Hüfte oder jedes andere Kurzbratfleisch)
- 2 Gemüsezwiebeln
- 1 Knoblauchzehe, gepresst
- 1 kleine leere Konservendose
- 2 lange Metallgrillspieße
- 1 Bund Petersilie
- 1/2 Bund Minzeblätter
- 3 Tomaten
- 1/4 Salatgurke
- 1 EL Zatar (Gewürzmischung)
- 1/2 EL Sumach
- 8 EL Tomatendip
- 6 EL Olivenöl
- Saft von 1 Zitrone
- 1 großes Fladenbrot
- Sesampaste
- Salz, Pfeffer und Zucker

SO GEHT'S:

Das Lammfleisch sollte von den gröbsten Silberhäuten befreit sein. Das kannst du deinen Metzger machen lassen oder du gehst in einen guten türkischen Supermarkt mit Fleischtheke. Schneide das Lammfleisch in große ca. 1/2 cm große Scheiben. Du kannst sie auch mit einem Fleischklopfer etwas plattieren.

Für die Marinade die grob geschnittenen Gemüsezwiebeln in einem Mixer pürieren und dann durch ein feines Sieb passieren. Fange dabei den Saft in einer Schüssel auf. Vermische ihn mit dem Knoblauch und etwas Salz und Pfeffer. Mariniere das Fleisch darin.

3 Jetzt schichtest du die marinierten Fleischscheiben in die saubere Konservendose und presst das Fleisch etwas. Stecke die Metallspieße senkrecht nebeneinander in die Mitte der Dose und lass die Dose im Tiefkühlfach einige Stunden gefrieren.

4 Um das Fleisch wieder herauszulösen, lässt du etwas heißes Wasser über die gefrorene Dose laufen. Dann kannst du dein Dönerfleisch einfach durchdrehen und durch leichtes Ziehen der Drehspieße herausbefördern.

5 Gare das Fleisch unter dem Grill im Ofen. Dazu hängst du den Rost ganz nach oben (gib ein Blech darunter) und wendest den Spieß regelmäßig. Die braunen und knusprigen Stellen nach und nach mit einem Messer dünn abschneiden und weitergaren.

6 Die Petersilie und Minze fein schneiden, die Tomaten und die Gurke grob würfeln. Alles mit den Gewürzen und dem Tomatendip vermischen und mit Olivenöl, Zitronensaft, Salz und Zucker abschmecken.

7 Das Fladenbrot vierteln und kurz im Toaster oder in der Pfanne von beiden Seiten knusprig anrösten, vierteln und je eine Tasche hineinschneiden. Mit Sesampaste ausstreichen, das Fleisch und den Petersiliensalat einfüllen und am besten sofort hineinbeißen.

FAST-FOOD-WERKSTATT-REZEPTE

Frikadellen

Für 4 Personen

- 500 g Hackfleisch (gemischt oder sortenrein)
- 1 Ei (Größe M)
- 2 Handvoll Panko (grobes Paniermehl)
- 1 EL feiner Senf
- 1 Handvoll gehackte Kräuter
- 2 EL Umamipaste
- 2 EL Magerquark

 **SO GEHT'S:**

 Alle Zutaten in einer Schüssel zu einer homogenen Masse verarbeiten. Frikadellen in deiner Lieblingsgröße formen und in einer Pfanne mit etwas heißem Öl bei mittlerer Temperatur braten. Dabei regelmäßig wenden.

Du kannst deine Frikadellen nach Belieben variieren, in dem du einfach eine Handvoll Zutaten mit in die Masse gibst, wie zum Beispiel Kapern und Sardellen, gehackte Cranberrys, getrocknete Tomaten und Oliven, gehackten Ingwer und Zitronengras und dazu einen deiner leckeren Dips von Seite 58/59 servieren.

FAST-FOOD-WERKSTATT-REZEPTE

Das beste Steak

* 180 g Rinderfiletsteak
* Öl
* Salz

SO GEHT'S:

 Den Ofen auf 70 °C vorheizen.

 Das Steak auf einem Rost 30 Minuten garen.

 Eine Grillpfanne sehr heiß vorheizen. Das warme Steak mit Öl bestreichen und salzen. Dann je 1 Minute von jeder Seite sehr scharf anbraten. Lasse das Steak nach dem Braten noch 2 Minuten ruhen. Es sollte jetzt schön medium sein.

 TIPP:

Bei 200 g Fleisch die Garzeit im Ofen auf 38 Minuten erhöhen, bei 250 g auf 45 Minuten. Die Garmethode eignet sich auch für andere Teilstücke vom Rind. Du bekommst so ein saftiges Ergebnis mit minimalem Graurand.

FAST-FOOD-WERKSTATT-REZEPTE

Kräuterbutter

Für 4 Personen

* 1/2 Packung Butter
* 1 TL Salz
* 1/2 Knoblauchzehe, gepresst
* 2 Handvoll Kräuter wie Petersilie, Kerbel, Estragon, Schnittlauch, Gartenkresse oder Minze

 SO GEHT'S:

 Die Butter auf Raumtemperatur bringen. Bei Kräutern, die sehr grob und auch ein wenig holzig sein können, wie Minze oder Estragon, solltest du die Stängel entfernen. Alle Kräuter, Knoblauch und Salz zusammen kurz in einem hohen Gefäß mit einem Stabmixer zerkleinern. Nicht zu lange mixen, es soll kein Püree entstehen!

 Dann die Butter hinzugeben und auf langsamer Stufe kurz mit den Kräutern zu einer homogenen Masse vermischen. Die Butter entweder in einen Eiswürfelbehälter oder Ähnliches streichen oder in Pergamentpapier oder Frischhaltefolie einschlagen und abkühlen lassen.

Gefroren hält sich die Butter mindestens 6 Monate.

Die Butter kannst du je nach Geschmack mit so ziemlich allen Zutaten, die dir einfallen, verfeinern. Zum Beispiel mit Sojasauce, Safran, Röstzwiebeln, Curry und anderen Gewürzmischungen, ausgelassenem Speck, Chili, Rauchsalz, knusprige Hähnchenhaut, Bonito, Norialgen ... oder auch mit zerstoßenen M&Ms, Schokolade, Trockenfrüchten oder Krokant als Alternative zu süßen Brotaufstrichen. Der Fantasie sind hier keine Grenzen gesetzt.

FAST-FOOD-WERKSTATT-REZEPTE

Salatsaucen

Für ca. 1,5 l Dressing

* 1 Tasse Fruchtsaft
* 1 EL feiner Senf
* 4 TL Salz
* 100 g Honig
* 1 Tasse Balsamico bianco
* 1 Tasse Olivenöl
* 2 Tassen Pflanzenöl

 SO GEHT'S:

 Alle Zutaten, bis auf die Öle, gibst du in einen Standmixer. Vermische die Zutaten auf niedrigster Stufe. Während der Mixer weiterläuft, gibst du in einem sehr dünnen Strahl langsam das Öl nach und nach dazu, sodass eine Emulsion entsteht. Der Vorgang sollte auf keinen Fall so lange dauern, dass der Mixer heiß läuft. Die Hitze kann die Emulsion lösen.

DU KANNST ALLE SÄFTE NUTZEN, DIE DIR GEFALLEN. WILLST DU EINEN INTENSIVEREN FRUCHTGESCHMACK, KANNST DU DIE SÄFTE VOR VERWENDUNG AUCH EINKOCHEN.

FAST-FOOD-WERKSTATT-REZEPTE

GRÜN, GRÜNER, AM GRÜNSTEN – ABER BUNT GEHT AUCH

Hier zeige ich dir die wichtigsten Salatsorten, die du nach Lust und Laune mischen kannst. Mit dem Fruchtdressing, klein geschnittenem Gemüse und Pilzen sowie ein paar guten Toppings aus Fisch, Fleisch, Geflügel, Ei, Tofu & Co. kannst du daraus locker eine Hauptmahlzeit stricken.

BLATTSALATE
Alle Salate, die keinen festen geschlossenen Kopf bilden, aber geschmacklich dem Kopfsalat ähneln, gehören zu dieser Salatfamily. Herzhafter und fester ist auf jeden Fall Batavia. Eichblatt ist farblich ein bisschen aufregend – ihn gibt es in dunkelbrauner oder grüner Variante und er hat einen leichten Nusscharakter im Geschmack. Lollo biondo oder rosso ist eher bitter-herb, dafür sehen die Blätter super aus. Einen guten Biss hat Romanasalat (auch Lattich oder Römersalat), er hat schön große, knackige Blätter mit etwas bitter schmeckenden Blattrippen.

RUCOLA
Bei uns heißt er seit eh und je Rauke, aber der italienische Name ist gebräuchlicher. Er schmeckt pfeffrig, etwas säuerlich und herb-bitter und kann daher teilweise auch als Würzkraut verwendet werden. Eine interessante Variante ist die Senfrauke mit einem etwas schärferen Aroma. Rucola kannst du übrigens prima auf der Fensterbank oder dem Balkon ziehen (siehe hierzu auch Seite 159).

KOPF- UND EISBERGSALAT
Vom Geschmack her ist Kopfsalat eher mild. Er braucht unbedingt kurze Anmachzeiten und liegt auch nicht gerne im Dressing. Schwere Dressings mit Joghurt & Co. machen aus Kopfsalat schnell etwas undefinierbar Matschiges, deshalb lieber nicht! Eisbergsalat ist vom Biss her eher knackiger und robuster, schmeckt dafür aber etwas wässrig.

CHICORÉE UND RADICCHIO
Für Liebhaber von Bitterstoffen sind das die Salate der Wahl. Zwar wurde dem heute erhältlichen hellen und spitzblättrigen Chicorée das Bitteraroma per Züchtung weitgehend vertrieben, Radicchio hat mit seiner spannenden weiß-roten Färbung diesbezüglich auf jeden Fall noch viel zu bieten. Hier gibt es auch mildere Varianten wie Treviso oder Castelfranco. Sie alle schmecken gut zu Fruchtigem wie Grapefruit, Orange oder Granatapfel.

FELDSALAT
Den gibt's saisonal bedingt im Herbst und Winter. Er hat ein ganz typisches nussiges Aroma und verträgt sich gut mit kraftigen Dressings, Äpfeln, Birnen und Nüssen.

ENDIVIE & FRISÉE
Diese beiden Verwandten sind ebenfalls Wintersalate und schmecken leicht bitter und herb.

FAST-FOOD-WERKSTATT-REZEPTE

Nasi Goreng

Für 4 Personen

- 1 Packung Reisbandnudeln oder Mienudeln
- 300 g Hähnchengeschnetzeltes
- 2 Eier, gequirlt
- 1 Handvoll Sojasprossen
- 1 Handvoll Karottenrapsel
- 1 Packung Zuckerschoten
- 1 Handvoll Champignonscheiben
- 1/2 Tasse Tamarindenpaste
- 1 Knoblauchzehe, gehackt
- 1 kleine Knolle Ingwer, gehackt
- 3 Handvoll Frühlingszwiebeln, geschnitten
- 1 Handvoll geröstete Erdnüsse
- 1 EL Umamipaste

SO GEHT'S:

 Die Nudeln aus der Verpackung in eine Schüssel geben und mit heißem Wasser aus der Leitung bedecken. Mindestens 10 Minuten einweichen lassen, bis sie annähernd die gewünschte Konsistenz haben.

 Das Hähnchen in einer Pfanne mit etwas heißem Öl bei starker Hitze rundum anbraten, dann aus der Pfanne nehmen und beiseitestellen. Das Fleisch sollte von außen schön gebräunt sein und innen noch möglichst roh.

 Jetzt die Eier in etwas Fett sehr heiß anbraten, sodass sie sofort gerinnen. Mit einem Pfannenwender zerstückeln. Das Gemüse in die Pfanne geben und ca. 1 Minute heiß anbraten. Alle Zutaten in die Pfanne geben, inklusive dem Fleisch und alles ordentlich durchschwenken. Mit etwas Salz oder Sojasauce abschmecken.

FAST-FOOD-WERKSTATT-REZEPTE

Hähnchen in Teriyakisauce

Für 4 Portionen

* 1 Tasse Sojasauce
* 3/4 Tasse Zucker
* 4 Hähnchenbrüste
* 1-2 EL Honig
* 1 TL Sesamöl

 **SO GEHT'S:**

 Für die Teriyakisauce die Sojasauce und den Zucker in einem Topf verrühren und zum Kochen bringen. Zur Seite ziehen und abkühlen lassen.

 Die Hähnchenbrüste in der Sauce marinieren, im besten Fall über Nacht. Aber auch mit einer Einwirkzeit von 30 Minuten erzielst du leckere Ergebnisse. Das Fleisch aus der Marinade nehmen. Den Rest mit Honig und Sesamöl vermischen.

 Das Hähnchen auf dem Grill oder in einer Pfanne mit etwas Öl bei mittlerer Hitze braten, dabei alle 30 Sekunden wenden und mit der Marinade bepinseln. Achte gerade bei Verwendung einer Pfanne darauf, dass die Temperatur nicht zu hoch ist, da die Marinade leicht anbrennt.

 Du kannst als Topping für das Hähnchen vor dem Servieren Koriander, gehackte Chilischoten und/oder Sesamkörner verwenden, um das Ganze noch frischer zu gestalten.

Die Sauce kannst du als Marinade für so gut wie alle Fisch und Fleischsorten verwenden. Du kannst sie durch die Beigabe verschiedener Zutaten wie geröstetes Sesamöl, Chiliflocken, Limettensaft, Honig, Agavendicksaft, geriebenen Ingwer oder Knoblauch und viele mehr variieren.

FAST-FOOD-WERKSTATT-REZEPTE

Schokopudding

Für 4 Personen

* 2/3 Tasse Kakaopulver (ungesüßt)
* 3/4 Tasse Zucker
* 4 1/2 Tassen Milch
* 3/4 Tasse Cremepulver oder Stärke
  (Maisstärke, Weizenstärke oder Puddingpulver)
* 1/4 Packung Butter

👉 **SO GEHT'S:**

1 Kakaopulver und Zucker vermischen, Die Kakao-Zucker-Mischung in einen Topf mit 3 Tassen Milch geben und zum Kochen bringen.

2 Die restliche kalte Milch in einer Schüssel mit dem Cremepulver glatt rühren und in die kochende Milch geben. Bei reduzierter Hitze unter Rühren ca. 2 Minuten kochen.

3 Zum Schluss die Butter unterrühren und die Masse abkühlen lassen.

MEINE LIEBLINGSREZEPTE

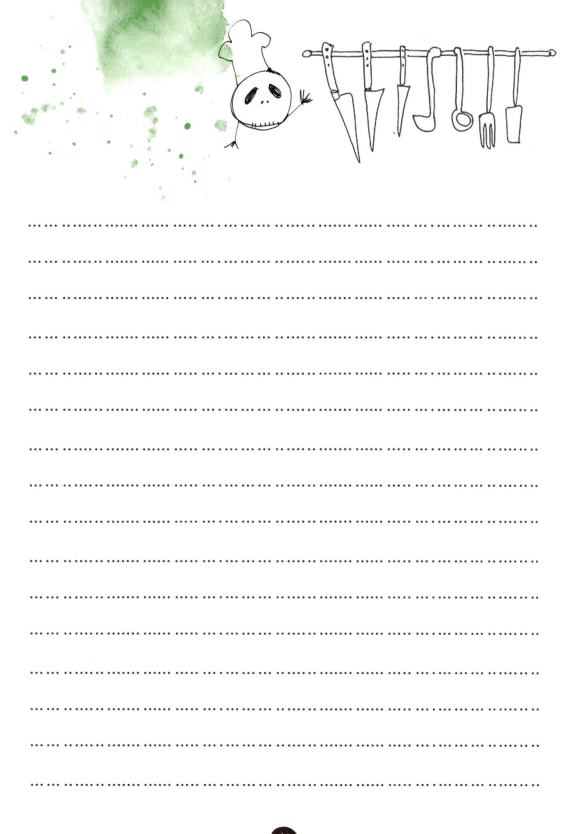

Die-Kenn-Ich-Doch

Alles Rezepte, die du kennst – aber bisher eben nur fix & fertig und verpackt aus dem Supermarkt. Ich zeige dir, wie du dir die alle selbst machen kannst. Schont das Portemonnaie und schmeckt um Klassen besser. Das glaubst du nicht? Runter von der Couch, ab in die Werkstatt!

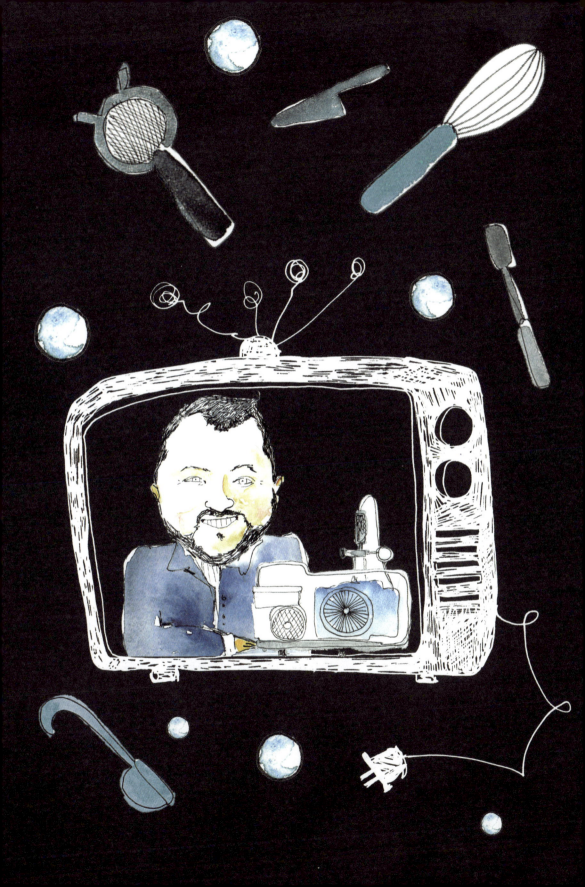

DIE-KENN-ICH-DOCH-FOODWERKSTATT-REZEPTE

Instant-Gemüsebrühe

* 1 Bund Suppengrün (aus Lauch, Knollensellerie und Karotte)

 SO GEHT'S:

1 Schäle das Gemüse und schneide es in ganz grobe Stücke. Verfrachte die Gemüsestücke in eine Moulinette oder schneide alles ganz klein und mixe das Gemüse in kurzen Intervallen zu einem feinen Granulat (keine Paste!!)

2 Verteile das Gemüse dünn auf einer Backmatte oder einem Backpapier und lasse es im Ofen bei ca. 60 °C langsam trocknen.

3 Das trockene Gemüse verrührst du jetzt im Verhältnis von 4 : 1 mit Salz. So kannst du es mind. 6 Wochen aufbewahren und als Würzmittel überall und jederzeit nach Geschmack verwenden.

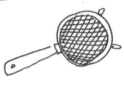

Instant-Geflügelbrühe

* Haut von ca. 5 Hähnchenbrüsten
* 10 EL Instant-Gemüsebrühe

 **SO GEHT'S:**

 Heize den Ofen auf 130 °C vor. Lege die Hähnchenhaut auf ein mit Pflanzenöl bepinseltes Blech. Schieb sie in den Ofen und lasse sie ca. 40 Minuten backen, bis sie knusprig und sehr trocken ist.

 Herausnehmen, abkühlen lassen und in einer Moulinette oder mit einem Mörser zerkleinern. Mit der fertigen Instant-Gemüsebrühe mischen (= 4 Teile Brühe + 1 Teil Hähnchenhaut + 1 Teil kochendes Wasser pro Portion).

DIE-KENN-ICH-DOCH-FOODWERKSTATT-REZEPTE

5-Minuten-Terrine

Für 4 Personen

* 1 Tasse feine Suppennudeln
* 1 Hähnchenbrust, fein gewürfelt
* 1 Tasse Instant-Geflügelbrühe (siehe Seite 97)

 SO GEHT'S:

 Die Nudeln und die fein gewürfelte Hähnchenbrust gleichmäßig auf 4 Suppentassen oder Teller verteilen. Mit je 200 ml kochendem Wasser übergießen und ca. 5 Minuten ziehen lassen.

DIE-KENN-ICH-DOCH-FOODWERKSTATT-REZEPTE

Fertigfood-Check

Du liebst Ravioli aus der Dose, Bistro-Baguette oder Nutella aufs Brötchen? Kein Problem, viele industriell gefertigte Lebensmittel haben eine besondere Geschmacksnote und einen regelrechten Suchtcharakter. Wenn du wissen willst, was in den Sachen alles drinsteckt, mach dir kurz die Mühe und lies dir durch, was auf den Zutatenlisten der Verpackung beziehungsweise dem Glas steht. Ich zeige dir hier, was sich hinter einigen Zutaten, die harmlos klingen, verbirgt. Wahrscheinlich überlegst du dir dann, ob du dich weiterhin zu einem Endlager für Zucker, ungesunde Fette und chemische Zusatzstoffe machst. Dafür gibt's nämlich auch echte Varianten – garantiert selbst gemacht, garantiert köstlich!

Bistro-Baguette Salami à la Lyonnaise

Zutaten: Weizenmehl, Wasser, zerkleinerte Schältomaten, Edamer Käse (9,5 %), Wasser, 6,8 % Salami (Schweinefleisch, Speck, jodiertes Nitritpökelsalz, Gewürze, Glukosesirup, natürliche Aromastoffe, Rauch), pflanzliches Öl, Gemüsepaprika (4,5 %), Tomatenstücke (4,5 %), Brokkoli, Salz, Backhefe, modifizierte Stärke, Zucker, Knoblauch, pflanzliches Fett, Pfeffer, Oregano, Basilikum, natürliche Aromastoffe, Dextrose.

ÜBERSETZUNG:

- Glukosesirup und Dextrose sowie modifizierte Stärke sind nichts anderes als Zucker und da hat es das Bistro-Baguette ganz schön in sich. Knapp 30 Prozent Kohlenhydrate (also Zucker), 10 Gramm Fett und gerade mal 2,2 Gramm Ballaststoffe aus Gemüse. Das ist inhaltlich ziemlich mau.

Deshalb: Probiere lieber das Bistro-Baguette à la Foodwerkstatt auf Seite 104.

- Natürliche Aromastoffe müssen aus einem natürlichen Rohstoff stammen, aber nicht zwangsläufig aus einem Lebensmittel. Sie dürfen aus pflanzlichen und tierischen Ausgangsstoffen sowie aus Mikroorganismen wie Schimmelpilzen gewonnen werden. Möglich ist auch die Herstellung mithilfe gentechnologischer Verfahren.

ÜBRIGENS: Nur verarbeitete Lebensmittel dürfen aromatisiert werden, in unverarbeiteten Lebensmitteln wie Obst, Gemüse, Fleisch und Honig sind Aromen verboten.

NUTELLA

Auch hierzu gibt's eine DIY-Alternative. Guck mal auf Seite 128.

Zutaten: Zucker, Palmöl, Haselnüsse (13 %), fettarmer Kakao, Magermilchpulver (7,5 %), Emulgator Lecithine (Soja), Vanillin.

ÜBERSETZUNG:

- Um Palmöl zu gewinnen (die Zutat mit dem zweitgrößten Anteil im Nutella-Glas, die die Nuss-Nougat-Creme streichfähig macht), rodet man seit Jahrzehnten Waldflächen. Vor allem Indonesien leidet unter den Folgen der massiven Abholzung. Erst vor wenigen Monaten rief Frankreichs Umweltministerin Ségolène Royal zum Nutella-Boykott auf.

- Vanillin ist der Hauptbestandteil des Aromas aus der Vanille. Die Vanille enthält außer Vanillin allerdings ein großes Spektrum weiterer Aromastoffe. Vanillin kann künstlich hergestellt sein oder aus natürlichen Quellen stammen. Die natürliche Quelle muss nicht unbedingt ein Lebensmittel sein und erst recht nicht die Vanilleschote, denn die Herstellung aus der Vanille ist teuer. Man kann Vanillin beispielsweise mithilfe von Mikroorganismen aus Zuckerrübenschnitzeln produzieren. Es könnte dann als „natürlicher Aromastoff Vanillin" bezeichnet werden.

Gesund Essen Ist Bunt Essen

Wenn du dich so gesund wie möglich ernähren willst, dafür aber keine Fachbeiträge und Studien lesen willst, dann mach es dir doch bunt auf dem Teller. Die Initiative „Deutschland – mein Garten" schlägt vor, sich jeden Tag an den Regenbogenfarben zu orientieren: Morgens gibt es dann rote Gemüse oder Früchte wie Erdbeeren oder Tomaten. Die enthalten den sekundären Pflanzenstoff Lycopin, der die Zellen schützt, das Ganze vielleicht in Form von einem Erdbeer-Rhabarber-Smoothie zum Frühstück.

Mittags gibt es Grün und Gelb und mit Blattsalaten, Spinat oder Kräutern den Pflanzenfarbstoff Chlorophyll. Der unterstützt den Aufbau von Blutzellen. Gelbes Gemüse – wie Paprikaschoten oder Karotten – enthält Carotinoide. Die pushen das Immunsystem. Blaues gibt's dann abends: Heidelbeeren etwa sind reich an Anthocyanen, die entzündungshemmend und zellschützend wirken.

DIE-KENN-ICH-DOCH-FOODWERKSTATT-REZEPTE

Bistro-Baguette

Für 2 Personen oder einen mit grossem Hunger

* 2 Aufbackbaguettes
* 1 Tube Tomatenmark (zweifach konzentriert)
* 3/4 Tasse geriebener Käse (alles außer Analog- oder Schmelzkäse)
* 1/2 Tasse bunte Gemüsewürfel (TK, z. B. Zwiebeln, Paprikaschoten, Frühlingszwiebeln)
* Minisalamischeiben (alternativ gebratene kleine Tofuwürfel)
* Champignons
* Salz und schwarzer Pfeffer aus der Mühle
* frisch geschnittene Kräuter nach Geschmack

SO GEHT'S:

 Zuerst den Backofen auf 190 °C Umluft vorheizen. Halbiere die Aufbackbaguettes längs und bestreiche sie mit Tomatenmark.

 Bestreue die Oberfläche mit dem größten Teil des geriebenen Käses. Anschließend mit Gemüsewürfeln, Salamischeiben und/oder Champignons belegen und zu guter Letzt den übrigen Käse darüber streuen. Verteile alle Zutaten schön gleichmäßig. Mit Salz und Pfeffer würzen.

 Schiebe die Baguettes auf einem Rost in den Ofen und backe sie in 8–12 Minuten, bis sie die Bräunung erreicht haben, die dir am meisten zusagt.

TIPP: Statt tiefgekühlten Gemüsewürfeln kannst du auch Gemüsekonserven wie Kidneybohnen, Ananas, Mais und Erbsen verwenden. Alternativ zu den Salamischeiben zum Beispiel: Bifi, Dosenthunfisch, Schinkenwürfel, ausgelassener Speck oder Sardellenfilets. Anstelle des Tomatenmarks können auch Sauerrahm, Crème fraîche, Pestos treten. Variiere auch die Käsesorten. Cheddar, Gouda, Parmesan, Pecorino, Fetakäse oder Mozzarella stehen dir hier in jedem Supermarkt zur Verfügung.

> DIE-KENN-ICH-DOCH-
> FOODWERKSTATT-REZEPTE

Chicken Nuggets

Variante 1: Tempura (für 4 Personen)

> Alternativ kannst du die Hähnchennuggets auch einfach nur in etwas Mehl oder Kichererbsenmehl wenden und dann frittieren.

* 1 Beutel Tempuramehl (alternativ 1/2 Tasse Mehl und 1/2 Tasse Speisestärke)
* 200 ml Wasser
* 500 g Hähnchenbrustfilets
* Pflanzenöl zum Frittieren

 **SO GEHT'S:**

 Das Tempuramehl rührst du in einer Schüssel mit dem Wasser glatt. Du kannst hier noch deine Lieblingsgewürze hinzufügen, zum Beispiel Paprika, Safran, Kurkuma, Sesamkörner, Chili, würze die Hähnchenstücke mit Salz.

 Schneide das Hähnchen in mundgerechte Stücke. Erhitze das Öl in einem Topf, ziehe das gesalzene Hähnchen durch den Teig und frittiere es in dem heißen Öl.

Variante 2: Wiener Panade

* 1 Tasse Mehl
* 3 verquirlte Eier
* Semmelbrösel oder Panko

 **SO GEHT'S:**

 Die gesalzenen Hähnchenstücke erst in Mehl, dann in Ei und schließlich in Panko panieren und dann goldgelb frittieren.

> Du kannst das Panko auch durch einen Teil Cornflakes, Nüsse, Kräuter oder Ähnliches ersetzen.

DIE-KENN-ICH-DOCH-
FOODWERKSTATT-REZEPTE

Fischstäbchen

Für 4 Personen

- 500 g Seelachsfilet
  (Kabeljau oder Zwergwels)
- Salz
- 3 Eier
- 1 Tasse Semmelbrösel
- Fett zum Braten
- Kastenform
- Frischhaltefolie

👉 SO GEHT'S:

 Eine Kastenform mit Frischhaltefolie auslegen, die Folie sollte großzügig an allen Seiten überstehen.

 Den Fisch leicht salzen und in die Form pressen, sodass diese ca. 3 cm hoch gefüllt ist und ein quarderförmiger Block entsteht. Den Fisch in der Form im Tiefkühlschrank gefrieren lassen.

 Nach einigen Stunden stürzt du den gefrorenen Fischblock aus der Form, in dem du an der überstehenden Folie ziehst. Schneide daraus deine Fischstäbchen.

 Für die Panade verquirle in einem tiefen Teller die Eier mit den Semmelbröseln und ziehe die Fischstäbchen durch die Mischung.

 Reichlich Öl in einer Pfanne erhitzen und die Fischstäbchen schwimmend in der Pfanne knusprig braten.

DIE-KENN-ICH-DOCH-FOODWERKSTATT-REZEPTE

Pommes Crunchy

Für 4 Personen

* 1,5 kg Kartoffeln
* neutrales Pflanzenöl
* Salz

 **SO GEHT'S:**

 Schäle die Kartoffeln, schneide sie in die gewünschte Form und wasche sie mit kaltem Wasser gründlich ab. Gib sie dann in einen Topf, bedecke sie mit kaltem Wasser und bringe sie bei starker Hitze zum Kochen. Dann die Hitze reduzieren und alles bei 25–30 Minuten langsam garen, bis die Kartoffeln sehr weich sind.

 In ein Sieb abgießen und komplett auskühlen lassen. Wenn du so lange warten kannst, lässt du sie über Nacht ohne Abdeckung im Kühlschrank stehen. So wird die Oberfläche der Kartoffeln richtig schön trocken. Die benötigen wir, um möglichst knusprige Pommes als Endprodukt zu erhalten.

 Heize den Ofen auf 180 °C Umluft vor. Fülle in eine Auflaufform ca. 1/2 cm hoch Pflanzenöl ein. Dann gib die kalten Kartoffeln hinein und ummantele sie mit Öl. Das Ganze geht für ca. 1 1/2 Stunden in den Ofen. Dabei solltest du die Kartoffeln alle 20 Minuten wenden. Wenn sie goldbraun sind, nimmst du sie aus dem Fett und lässt sie auf Küchenpapier abtropfen und salzt sie nochmal. Sofort servieren!

TIPP: Du kannst deine Kartoffeln auf noch mit Gewürzen und Kräutern wie zum Beispiel Paprikapulver, Rosmarin, Knoblauch, ausgelassenem Speck verfeinern. Gib diese Zutaten einfach 15 Minuten vor Ende der Garzeit hinzu. Auch das Fett kannst du nach Belieben austauschen. Statt Pflanzenöl eignet sich auch Olivenöl, Butterschmalz oder Hähnchenfett.

Bei der Auswahl der Kartoffel kannst du einiges beachten, musst es aber nicht. Ob du eine fest- oder mehligkochende Sorte verwendest, ist hier nicht entscheidend, um ein leckeres Ergebnis zu erzielen, solange sie weich genug gekocht sind.

Ketchup & Mayo

Ketchup (für 1 Glas)

* 1/2 Tube Tomatenmark
* 200 g Himbeerkonfitüre
* 1 EL Weißweinessig
* 1 EL Wasser

Im Kühlschrank mindestens einen Monat haltbar. Eingemacht mehrere Jahre. Dazu heiß abfüllen, fest verschließen und auf den Kopf stellen.

 SO GEHT'S:

 Alle Zutaten in eine Schüssel geben und mit einem Schneebesen zu einer homogenen Masse verarbeiten. Du kannst die Konfitüre natürlich nach Gusto verändern.

Mayonnaise (für ca. 500 ml)

* 1 Tasse Milch
* 3/4 Tasse Öl

SO GEHT'S:

 Die Milch in ein hohes Gefäß geben und das Öl langsam in einem dünnen Strahl mit einem Stabmixer einrühren, sodass eine Emulsion entsteht. Hier hast du deine extrem vielfältige, kalte Grundsauce geschaffen, die sich unendlich ableiten lässt.

TIPP: Verwende aromatisierte Öle zur Geschmacksgebung wie Sesam-, Trauben-, oder Kürbiskernöl oder verfeinere deine Sauce mit gehackten Kräutern, Zitronenschale, Knoblauch oder Gewürzmischungen. Außerdem kannst du auch pürierte Gemüse, die nicht zu wasserhaltig sind wie Zucchinischale, Kürbis und Paprikaschote oder Avocado, verwenden. Sie können dann einen Teil des Öls ersetzen. Du solltest allerdings deine Sauce nie erhitzen, da sich die Emulsion sonst auflösen könnte.

VEGANE MAYONNAISE
(FÜR CA. 250 ML)

* 1 Scheibe Toastbrot
* 1 Tasse Öl
* 1/2 Zehe Knoblauch, gerieben

 **SO GEHT'S:**

 Schneide die Rinde von der Toastbrotscheibe. Tauche sie 1–2 Sekunden in eine Schüssel mit etwas Wasser ein und drücke das Wasser danach wieder heraus.

 Gib sie mit dem Knoblauch in eine Schüssel. Schlage mit einem Schneebesen das Öl nach und nach unter. Auch hier entsteht eine Emulsion.

Diese Grundsauce lässt sich genauso gut variieren wie die Milchmayonnaise.

DIE-KENN-ICH-DOCH-FOODWERKSTATT-REZEPTE

Maggi Fix (Umamipaste)

Für 1 Glas

* 1 Tube Tomatenmark
* 1/2 Tasse Parmesan
* 2 Sardellenfilets
* 3 EL Sojasauce
* 1/2 Tasse Quarkpulver
* 1/2 Knoblauchzehe
* 4 EL fein gehackter Speck
* 2 EL Magerquark
* 5 Shiitake, gebraten

👉 **SO GEHT'S:**

1 Alle Zutaten in einem Mixer zu einer feinen Masse verarbeiten.

2 Fülle die Masse in ein Glas und bedecke die Oberfläche komplett mit Öl, um sie zu konservieren. Hält im Kühlschrank mindestens vier Wochen.

DIE-KENN-ICH-DOCH-FOODWERKSTATT-REZEPTE

Miracoli

Für 4 Personen

* 1 Packung Spaghetti
* 1 Tube Tomatenmark
* 1 + 3/4 Tassen Wasser
* 4–5 EL Gewürzmischung

FÜR DIE GEWÜRZMISCHUNG:
(ergibt ca. 400 Gramm, im Schraubglas aufbewahren)

* 50 g getrocknete Tomaten, fein gehackt
* 2 EL grobes Meersalz
* 2 TL Instant-Brühe (siehe Seite 96)
* 1,5 TL schwarzer Pfeffer
* 1 TL Fenchelsamen
* 4 EL Basilikum, fein gehackt
* 4 EL Oregano
* 4 EL Thymian
* 2 TL Knoblauchgranulat
* 2 TL Zwiebelgranulat

 **SO GEHT'S:**

 Für die Sauce das Tomatenmark, Wasser und die Gewürzmischung in einem Topf verrühren und erhitzen. 2 Minuten köcheln lassen.

 Gleichzeitig die Spaghetti nach Packungsanleitung zubereiten und mit der Sauce servieren.

ALLES IST VERGIFTET – ZUSATZSTOFFE & WAS DU ALLES NICHT IN DEINEM ESSEN BRAUCHST

Jeder kauft Essen ein, aber die meisten wissen gar nicht, was in ihren Lebensmitteln alles steckt. Eine von TNS-Infratest im Auftrag des Tiefkühlkostherstellers Frosta durchgeführte Befragung von über 1 000 Teilnehmern zeigte aber, dass viele Käufer keine Zusatzstoffe in ihrem Essen haben wollen. Rund 70 Prozent fanden es demnach „sehr wichtig", dass ihre Mahlzeiten frei von irgendwelchen Zusätzen seien. Zwar zeigen die Zutatenlisten auf Lebensmittelverpackungen grob, was alles in einem (Fertig-)Produkt enthalten ist, aber durchblicken tut man deshalb noch lange nicht.

KEIN DURCHBLICK?

Man findet hier Substanzen mit komplizierten chemischen Bezeichnungen oder E-Nummern. „E" steht dabei für EU und „edible" wie essbar. Die Kennzeichnung in dieser Form gilt aber nicht für unverpackte Lebensmittel, also für die Brötchen vom Bäcker, den Camembert von der Käsetheke oder das Steak vom Metzger. Die Verkäufer müssen hier aber auf Anfrage eine Liste mit den eingesetzten Zusatzstoffen vorlegen können. Aber was ist mit dem Essen, das du dir im Restaurant, in der Kantine oder an der Tankstelle kaufst? Hier kann man gar nicht wissen, was alles drinsteckt.

KEIN WUNDER!

In der EU sind etwa 320 Zusätze wie Backtrieb-, Feuchthalte- oder Festigungsmittel und Füllstoffe zugelassen, die in der industriellen Lebensmittelherstellung eingesetzt werden. Zum Beispiel: In Hefeextrakt steckt viel Glutamat, weshalb es ein natürlicher Geschmacksverstärker ist. Laut Lebensmittelgesetz gilt er aber nicht als Zusatzstoff. Deshalb ist es zulässig, wenn auf einem Etikett steht „ohne Glutamat" oder auch „ohne Geschmacksverstärker", obwohl in dem Lebensmittel Hefeextrakt verwendet wurde. Selbst bei Bioprodukten sind zahlreiche Zusatzstoffe erlaubt. Ohne diese Zusätze gäbe es viele Lebensmittel gar nicht, andere wären deutlich teurer (Quelle: Deutsches Zusatzstoffmuseum, Hamburg).

DU HAST ES IN DER HAND

Die gute Nachricht: Wie viele Zusatzstoffe sich in deinem Essen befinden, hängt davon ab, mit wie viel stark verarbeiteten (Fertig-)Lebensmitteln du dich ernährst. Dabei kann sich die Aufnahme von Zusatzstoffen zwischen einigen Milligramm und mehreren Gramm am Tag bewegen.

Ganz allgemein sind die Zusatzstoffe in verschiedene Untergruppen von E-Nummern unterteilt: So sind Farbstoffe mit E 100 bezeichnet, Konservierungsstoffe mit E 200, Antioxidantien mit E 300 und die restlichen Zusatzstoffe mit E 400 bis E 1521.

Was du auch noch wissen solltest: Wenn Zusatzstoffe in Versuchen irgendwelche gesundheitlichen Nebenwirkungen auslösen, wie Bauchweh, Hautausschlag oder Kopfschmerzen, werden sie keineswegs verboten. Ihr Einsatz wird lediglich beschränkt. Die für das Lebensmittel erlaubte Menge wird dann so bemessen, dass bei einem lebenslangen Verzehr angeblich keine Gesundheitsschäden auftreten. Nur bemisst sich der frei festgelegte sogenannte ADI-Wert (Acceptable Daily Intake) immer an Erwachsenen, nicht an Kindern. Obwohl auch oder gerade Kinder Limonaden trinken, Pizza essen und Fruchtzwerge futtern …

ALLES ERLAUBT

Die Menge der erlaubten Zusatzstoffe ist sehr hoch, obwohl ihr Zusammenspiel und ihre Wechselwirkung noch kaum erforscht ist. Die folgende kleine Liste ist eine Auswahl:

- Antioxidationsmittel
- Backtriebmittel
- Emulgatoren
- Farbstoffe
- Feuchthaltemittel
- Geliermittel
- Geschmacksverstärker
- Konservierungsmittel
- Säuerungsmittel
- Säureregulatoren
- Schaumverhüter
- Schmelzsalze
- Stabilisatoren
- Süßungsmittel
- Trägerstoffe
- Treibgas
- Verdickungsmittel

FARBSTOFFE

Sie stecken in Lollis, Bonbons, Kaugummis, Limonade, Cola und Energydrinks, aber auch in Käse, Eiscreme, Fruchtjoghurts, Fischkonserven oder Margarine. Ihr Image ist schlecht, da sie im Verdacht stehen, besonders Kindern zu schaden. Seit 2010 müssen Lebensmittel mit künstlichen Farbstoffen laut EU-Verordnung den Warnhinweis „kann Aktivität und Aufmerksamkeit von Kindern beeinträchtigen" tragen. Vertrauenserweckender wirkt da schon der Zusatz „natürliche Farbstoffe" aus Rote Bete oder Orangen, die aus tristen Produkten Appetitanreger machen. Ganz nebenbei lässt sich so auch ein höherer Fruchtanteil vortäuschen.

DIE-KENN-ICH-DOCH-FOODWERKSTATT-REZEPTE

Auch färbende Gewürzextrakte sind eine Alternative für Lebensmittelhersteller, sie werden allerdings unzulässigerweise immer wieder als „Gewürzaroma" oder Ähnliches ausgezeichnet.

Zur Gruppe der Farbstoffe gehören die Nummern E 100 bis E 180. Einige Beispiele für schädigende Farbstoffe sind:

TARTRAZIN (E 102): Der Farbstoff färbt zitronengelb und ist unter anderem zugelassen für Spirituosen, Kuchen, Kekse, Blätterteiggebäck, Brausepulver, Schmelzkäse, Senf und Würzsaucen. Kann Allergien der Haut oder der Atemwege auslösen.

CHINOLINGELB (E 104): Der Stoff erzeugt unterschiedliche Gelbnuancen. Er ist neben den unter Tartrazin genannten Lebensmitteln auch für Fischersatzprodukte, Speiseeis und Desserts zugelassen. Im Tierversuch zeigt Chinolin eine krebserregende Wirkung, weshalb er in den USA verboten wurde. Bei Allergikern und Asthmatikern kann Chinolingelb pseudoallergische Reaktionen hervorrufen.

GELBORANGE S (E 110): Der gelbe bis orangefarbene Azo-Farbstoff, der künstlich hergestellt wird unter anderem in Konfitüren, Marmeladen und Fruchtzubereitungen, Süßwaren, Knabberartikeln, Gebäck und Senf verwendet. Bei empfindlichen Menschen kann er zu Hautausschlag, Atemwegsbeschwerden oder verschwommenem Sehen führen. Im Tierversuch löste Gelborange S in hohen Dosierungen Nierentumore aus.

AZORUBIN (E 122): Der rote Azo-Farbstoff wird für Knabbereien, Senf, Süßwaren, Konfitüren, Fleisch- und Fischersatzprodukten aus pflanzlichem Eiweiß verwendet. Er ist auch für Arzneimittel und Kosmetika zugelassen und kann zu Hautausschlag, Atemwegsbeschwerden oder verschwommenem Sehen führen.

COCHENILLEROT A (E 124): Der rote Farbstoff ist unter anderem für essbare Käserinden, Saucen, Würzmittel, Fleisch- und Fischersatzprodukte, Wursthüllen, Süßwaren und Knabberartikel zugelassen sowie für Arzneimittel und Kosmetika. Auch dieser synthetische Zusatzstoff kann Hautausschläge, Atemwegsbeschwerden oder verschwommenes Sehen auslösen.

ALLURAROT AC (E 129): Im Tierversuch zeigte der Azo-Farbstoff Verhaltensänderungen (Hyperaktivität) und schädigt bereits niedrig dosiert die Erbsubstanz. Zugelassen in der EU zur Färbung von Kosmetika und Parfüms.

Aromastoffe

Aromatisierende Zusätze stecken in Tees, Getränken und Süßspeisen und peppen Fertiggerichte mit dem immer gleichen Geschmack auf, der mit dem ursprünglichen Eigengeschmack der Rohstoffe nichts mehr zu tun hat. Ihr Vorteil: Sie kosten kaum etwas im Gegensatz zu frischen Zutaten und man kann sie unbegrenzt herstellen. Geschmacksverstärker – der bekannteste ist das Glutamat – können bei empfindlichen Menschen das sogenannte „China-Restaurant-Syndrom" auslösen. Dies drückt sich durch Steifheit im Nacken, Glieder- und Kopfschmerzen aus. Im Tierversuch erhöhte es die Fresslust und machte dick. Neben Glutamat kommen 25 weitere Geschmacksverstärker zum Einsatz, zum Beispiel

BERNSTEINSÄURE (E 363): Wird als Säureregulator und Geschmacksverstärker in Backwaren eingesetzt. Gilt als gesundheitlich unbedenklich.

KALZIUMCHLORID (E 509): Setzt man zur Festigung von Puddings und anderen Lebensmitteln ein oder zur Härtung und Haltbarmachung von Oberflächen, wie etwa bei Äpfeln oder Orangen. Es wirkt leicht geschmacksverstärkend und gilt als gesundheitlich unbedenklich.

ASPARTAM (E 951): Der Süßstoff steckt in vielen kalorienarmen oder zuckerreduzierten Lebensmitteln (Desserts, Getränke, Kaugummi, Brotaufstriche). Bei der Herstellung ist auch der Einsatz von gentechnisch veränderten Organismen möglich.

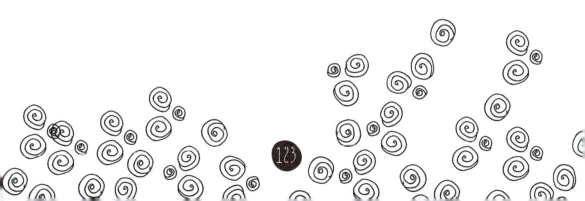

KONSERVIERUNGSSTOFFE

Sie verlängern die Haltbarkeit von normalerweise schnell verderblichen Lebensmitteln wie Brot und Gebäck, Salate, Fette und getrockneten Früchten, indem sie vor Bakterien- und Schimmelpilzbefall schützen. Sie können im Übrigen auch in Produkten „ohne Konservierungsstoffe" stecken, falls bereits konservierte Zutaten zugefügt wurden. Zurzeit gibt es mehr als 40 zugelassene Mittel, darunter

BENZOESÄURE (E 210): Steckt unter anderem in Fischereierzeugnissen, sauer eingelegtem Gemüse, Saucen, alkoholfreiem Fassbier und zuckerreduzierter Konfitüre oder Marmelade. Der Stoff kann Allergien oder Pseudoallergien hervorrufen.

SCHWEFELDIOXID (E 220 BIS 228): Sie werden unter anderem Trockenobst, Obstkonserven, Wein und Knabbereien zugesetzt. Bei empfindlichen Menschen können diese Konservierungsstoffe Kopfschmerzen, Migräne und Übelkeit auslösen. Außerdem verringern sie den Vitamin-B_1-Gehalt von Lebensmitteln. Auch Allergien und Pseudoallergien sind möglich.

SÜSSSTOFFE & ZUCKERAUSTAUSCHSTOFFE

Im Gegensatz zu raffiniertem Zucker haben Süßstoffe keinen Energiewert und machen daher rein theoretisch nicht dick. Außerdem schützen sie vor Karies. Allerdings regen Sie den Appetit an, da sie den Blutzucker- und damit den Insulinspiegel ansteigen lassen. Zuckeraustauschstoffe hingegen werden insulinunabhängig verwertet. Zu ihnen gehören zum Beispiel Sorbit, Mannit, Isomalt oder Xylit. Bei ihnen handelt es sich um Kohlenhydrate (Zucker). Bei übermäßigem Verzehr können sie abführend wirken und zu Blähungen führen.
Zu den Süßstoffen gehören

ASPARTAM (E 951): Süßstoff für zahlreiche kalorienreduzierte Lebensmittel, der problematisch für Patienten mit Phenylketonurie (seltener, angeborener Enzymdefekt) ist.

CYCLAMAT (E 952): Cyclamat ist ungefähr 40-mal süßer als Haushaltszucker. In der Lebensmittelindustrie ist er für Lightgetränke, Desserts und Süßigkeiten zugelassen. Der Süßstoff gilt laut einigen Studien als krebserregend.

SÄUERUNGSMITTEL

Sie verleihen Lebensmittel einen säuerlichen Geschmack, dienen zugleich aber als Konservierungsstoffe, wirken als Stabilisatoren, Backtriebmittel oder Geliermittel. Die meisten Säuerungsmittel sind gesundheitlich unbedenklich. Als riskant gilt

ZINN-II-CHLORID (E 512): Er ist für Spargelkonserven zugelassen, um die weiße Farbe der Spargelstangen zu erhalten. Größere Mengen des Säuerungsmittels können zu Übelkeit oder Erbrechen führen.

WAS DU DAGEGEN TUN KANNST?

"Manche Zusatzstoffe sind so wichtig für das kulinarisch-sensorische Empfinden, dass man das Produkt ohne nicht mehr kaufen würde. In Deutschland sind wir glücklicherweise diesbezüglich strenger reglementiert als im europäischen Vergleich. Außerdem kannst du nicht erwarten, dass ein 99-Cent-Produkt garantiert frisch ist."

DIE-KENN-ICH-DOCH-FOODWERKSTATT-REZEPTE

Nutella

Für 1 Glas

* 200 g Haselnüsse oder Haselnussmark (siehe Tipp)
* 1 Prise Salz
* 2 EL Kakaopulver, ungesüßt
* 1 Packung Vanillezucker
* 2 EL Kokosfett, geschmolzen, oder Pflanzenöl
* 3 EL Honig oder Agavendicksaft, Maissirup, Reissirup oder einfach Zucker

SO GEHT'S:

1 Vermische alle Zutaten in einer Schüssel und mixe sie zu einer homogenen Paste.

2 In ein Schraubglas füllen und kühl aufbewahren.

Variante

Du kannst die Haselnüsse durch Nüsse deiner Wahl, wie Pistazien, Mandeln, Erdnüsse, ersetzen und damit für ein wenig Abwechslung in deinem (Frühstücks-)Leben sorgen. Statt Kakao kannst du auch 4 EL geschmolzene weiße Kuvertüre mit einarbeiten.

>>>>> Dieses Rezept ist im Gegensatz zum Original vegan, da es ohne Milchpulver auskommt. <<<<<

Willst du frische Nüsse verwenden, röstest du sie 10 Minuten bei 180 °C im Ofen an und mixt sie anschließend in einer guten Küchenmaschine sehr fein. So entsteht sehr einfach und relativ preiswert dein eigenes Nussmark.

DIE-KENN-ICH-DOCH-FOODWERKSTATT-REZEPTE

Eistee

Für 4 Personen

- 2 Beutel schwarzer oder grüner Tee
- 2 Zitronen
- 1 Handvoll Zitronenmelisse
- Eiswürfel
- 1/2 Tasse Agavendicksaft

SO GEHT'S:

Den Tee mit einem Liter kochendem Wasser aufgießen.

Den grünen Tee maximal 2 Minuten, den schwarzen Tee maximal 4 Minuten ziehen lassen. Die Beutel nimmst du heraus und lässt den Tee abkühlen.

Schneide die Zitronen in Stücke, gib sie in einen großen Krug und zerstoße sie etwas auf dem Boden der Kanne, sodass der Saft austreten kann. Gib dann die Zitronenmelisse hinzu und stoße auch diese kurz an.

Gib dann die Eiswürfel, den Agavendicksaft und den abgekühlten Tee hinzu und rühre gut um.

Varianten

- 2 Orangen, 1/2 Bund Minze, 3 Scheiben Ingwer, 2 Scheiben Chili, 2-4 EL Honig, Eiswürfel

- 1 Beutel roter Früchtetee, 1 Handvoll Himbeeren, 4 Limettenscheiben, 1/2 Vanillestange, 2-4 EL Feigensirup, Eiswürfel

- 2 Scheiben Zitrone, 7 Salbeiblätter, 1 Zweig Minze, 5 Kamillenblüten, 4 EL Kandiszucker, Eiswürfel

Statt Zitronen lassen sich auch fast alle andere Arten von Zitrusfrüchten verwenden. Den Agavendicksaft kannst du auch durch andere natürliche Sirupe oder Honig ersetzen.

DIE-KENN-ICH-DOCH-FOODWERKSTATT-REZEPTE

Energydrink

1 L Eistee (siehe Rezept von Seite 130)

* 1-2 El Guaranapulver

 SO GEHT'S:

 Vermische einfach deinen fertigen Eistee mit dem Guaranapulver, um einen selbst gemachten natürlichen Energydrink zu erhalten.

> Du kannst aber auch auf fertige Getränke aus dem Supermarkt wie zum Beispiel deiner Lieblingslimonade zurückgreifen und diese mit Guarana verfeinern. In diesem Fall musst du dann aber auf Koffein verzichten.

Cascaradrink

* 5 EL Cascara
* 1 l Wasser

 SO GEHT'S:

 Einfach Cascara mit heißem Wasser aufgießen und 4 Minuten ziehen lassen.

Süßen kann man den Powerdrink mit Traubenzucker. Lässt sich morgens sehr gut warm und abends kalt mit etwas Zitrone und Eis genießen.

> Die getrockneten Schalen der Kaffeekirsche enthalten 6-8-mal so viel Koffein wie die Kaffeebohne und sind leicht im Internet zu beziehen.

DIE-KENN-ICH-DOCH-FOODWERKSTATT-REZEPTE

Energieriegel

Für 1 Blech (30 cm x 30 cm)

* 150 g getrocknete Früchte (Aprikosen, Cranberrys)
* 1/2 Bio-Orange
* 6 EL Vollrohrzucker
* 3 EL Butter
* 75 g Honig
* 2 Tassen Dinkelflocken
* 75 g Kokosraspel
* 6 EL gehackte Mandeln

Du kannst deine Riegel dann noch mit flüssiger Schokolade verzieren und geschmacklich aufwerten.

SO GEHT'S:

 Die Trockenfrüchte nach Belieben fein hacken oder würfeln.

 Die Schale der Orange reibst du in eine Schüssel und presst ihren Saft dazu. Dann rührst du den Rohrzucker in den Saft, bis er sich aufgelöst hat. Gib alle anderen Zutaten hinzu und mische alles zu einer homogenen Masse.

 Heize den Backofen auf 150 °C Umluft vor. Streiche die Masse ca. 1,5 cm dick auf ein Backblech. Lege am besten ein Blatt Backpapier auf das Blech oder nutze eine Backmatte. 20–25 Minuten backen.

 Lass das Blech auskühlen und löse die Müsliriegelplatte vom Blech. Schneide deine Riegel mit einem großen Messer in gefällige Stücke.

DIE-KENN-ICH-DOCH-
FOODWERKSTATT-REZEPTE

Fruchtzwerg

Für 4 Personen

* 1 Packung Quark
* 2 EL Honig
* 1 Tasse deiner Lieblingsfrüchte, püriert
  (nicht zu saures Obst)
* nach Belieben Nüsse

 SO GEHT'S:

 Rühre in einer Schüssel den Quark mit dem Honig glatt.

 Schichte den Quark abwechselnd mit dem Fruchtpüree in 4 kleine Gläser.

 Du kannst deinen Fruchtzwerg auch noch mit gerösteten Nüssen oder zerbröselten Müsliriegeln aufpimpen. Auch als schnelle Dessertalternative geeignet.

TK-FRÜCHTE EIGNEN SICH FÜR DAS PÜREE HERVORRAGEND, ZITRUSFRÜCHTE WENIGER.

Lebens- mittel
von A bis Z

Essen macht echt glücklich, wenn es gut ist, wenn du weißt, was drinsteckt (und damit zufrieden bist) und wenn dieses Essen aus echten Lebensmitteln besteht. Was das ist? Guck's dir auf den nächsten Seiten an.

Alles Obst!

Frische Früchte sind perfekte Vitalstoffbomben und reich an Aromen, Farben und Texturen. Das schmeckt toll pur, wenn es sich um alte Sorten handelt, die nicht auf Uniformität und Einheitssüßgeschmack hingezüchtet wurden, und macht sich gut in Süßspeisen, Gebäcke, Marmeladen, Kompotten oder Säften. Zusammen mit Gemüse und Getreide ist Obst in einer ausgewogenen Ernährung unverzichtbar. Hier findest du die beliebtesten heimischen Früchte, ihre Inhaltsstoffe, ihr kulinarisches Potenzial und wie du sie am besten lagern kannst.

Apfel

Die ersten Apfelbäume gelangten in der Antike aus Asien nach Europa. Im Mittelalter etablierte sich der Apfelbaum dann in den Gärten Mitteleuropas. Äpfel sind rund bis oval geformt und haben meist eine grün-rötliche Farbgebung. Die variiert je nach Reifungsstadium und Reifungsgrad.

DAS STECKT DRIN: Äpfel bestehen zu 85 Prozent aus Wasser. In der Schale steckt jedoch viel Zellulose und Pektin. Beides sind Ballaststoffe, die gut für die Verdauung sind. Zudem kann Pektin den Cholesterinspiegel senken. Direkt unter der Schale befinden sich die meisten Vitamine: Vitamin C, Provitamin A, Vitamin B_1, B_2, B_6 und E sowie Niacin und Folsäure sowie Eisen, Bor, Silizium, Mangan, Flor, Kalium (reguliert den Wasserhaushalt), Kalzium, Magnesium.

WANN KAUFEN? Die heimische Saison variiert je nach Sorte. Sie beginnt im August und reicht bis in den November. Die Äpfel sollten duften, der Blütenansatz nach innen eingesunken sein und die Haut sollte nicht schrumpelig sein (Ausnahme: Fallobst, aus dem man Saft oder Kompott machen kann). Äpfel ohne Stiel sind wahrscheinlich zu früh geerntet worden, daher auf diese eher verzichten.

WIE LAGERN? Zur Lagerung von Äpfeln empfiehlt sich ein dunkler, kühler, gut belüfteter Keller. Lagerfähig sind alle heilen Äpfel mit Stielen, die nicht überreif sind. Dazu legt man die Früchte in Obst- oder Holzkisten und schichtet höchstens zwei Lagen übereinander. Lageräpfel solltest du immer wieder einmal kontrollieren und faule Exemplare aussortieren. Äpfel können bis zu einem halben Jahr aufbewahrt werden.

WIE VERWENDEN? Aus dem Vielseiter lässt sich vieles machen: Apfelsaft, Apfelmus (Apfelkompott) und Apfelkuchen. Äpfel schmecken auch in Suppen, Salaten, Marmeladen und Hauptspeisen.

Aprikose

Die Kernfrucht kommt ursprünglich aus China. Von dort aus gelangte sie zum Kaspischen Meer und von dort nach Mitteleuropa. In Deutschland wird die Aprikose vor allem in Rheinhessen angebaut. Die Frucht ist im reifen Zustand gelb bis orange, die Schale glatt und fast haarlos.

DAS STECKT DRIN: Die Aprikose enthält Apfel- und Zitronensäure und ist reich an Karotin und an Provitamin A. Schon 200 Gramm reichen aus, um den Tagesbedarf an Vitamin A zu decken. Getrocknete Aprikosen sind reich an Folsäure, Niacin, Vitamin B_5 und C.

WANN KAUFEN? Aus Freilandanbau sind deutsche Aprikosen etwa zwischen Mitte Juli bis Ende August erhältlich. Im sonnenverwöhnten Mittelmeerraum ist eine Ernte teilweise schon ab Ende Mai möglich. Die Hauptsaison endet hier auch erst im September.

WIE LAGERN? Die Aprikosen sollten im Kühlschrank gelagert werden und halten sich etwa eine Woche.

WIE VERWENDEN? In erster Linie isst man die Aprikose frisch. Aber auch als Kompott, Konfitüre und Trockenobst kommt sie zum Einsatz. Aus ihr wird der sehr beliebte Marillen- oder Aprikosenlikör hergestellt.

LEBENSMITTEL VON A–Z

BIRNE

Die Birnenpflanze gehört zu den Kernobstgewächsen. Es gibt von ihr mehr als 2 000 Sorten, die zur Familie der Rosengewächse gehören. Verbreitet ist sie in Nordafrika, West- und Ostasien und in Teilen Europas. Mit ihrem saftigen, süßen Fruchtfleisch gehört die Birne mit ihrer markanten Form zu den delikatesten Obstsorten und ist dabei gut bekömmlich.

DAS STECKT DRIN: Ein hoher Gehalt an B-Vitaminen, Folsäure, Kalium und sekundären Pflanzenstoffen macht das Innenleben der Birne aus. Die meisten wertvollen Inhaltsstoffe der Birne befinden sich direkt unter der Schale.

WANN KAUFEN? Von August bis Januar hat die Birne Saison. Ist die Frucht optimal ausgereift, duftet sie angenehm und gibt bei leichtem Druck auf das Stielende nach. Eine unreife Birne reift bei Zimmertemperatur in zwei bis drei Tagen nach.

WIE LAGERN? Kaufe sehr reife Früchte nur zum Sofortverzehr. Im Gemüsefach des Kühlschranks können Birnen fünf bis sechs Tage aufbewahrt werden.

WIE VERWENDEN? Je nach Sorte schmeckt die Birne süß bis säuerlich oder sogar muskatartig. Sie eignet sich hervorragend zum Rohverzehr, aber auch zum Einmachen und Backen. In herzhaften Gerichten harmoniert Birne mit Schweinefleisch, Geflügel, Wild oder Käse.

BROMBEERE

Die Brombeere ist mit der Himbeere verwandt und wächst wild bereits seit Tausenden von Jahren auf der nördlichen Erdhalbkugel. Bei uns wird die Brombeere seit etwa 150 Jahren kultiviert und schmeckt süß bis säuerlich.

DAS STECKT DRIN: Die Brombeere enthält reichlich Vitamine, Mineralstoffe wie Eisen, Kalzium und Magnesium sowie zellschützende sekundäre Pflanzenstoffe.

WANN KAUFEN? Brombeeren sind von Juli bis September erhältlich. Man unterscheidet zwischen der aromatischeren Waldbrombeere und der größeren Kulturbrombeere. Achte beim Einkauf auf pralle Früchte in trockenen Schälchen. Voll ausgereift besitzt die Brombeere am meisten Aroma.

WIE LAGERN? Brombeeren sind sehr empfindlich. Im Kühlschrank halten sie sich zwei Tage frisch. Ausgereift entfalten sie ihr bestes Aroma. Die Beeren saugen sich schnell mit Wasser voll. Früchte deshalb nur kurz mit Wasser abbrausen.

WIE VERWENDEN? In Gelee, Fruchtsaft oder Gebäck kommt das Aroma der Brombeere besonders gut zur Geltung.

ERDBEERE

Der botanische Name der Erdbeere „fragaria" leitet sich vom lateinischen Verb „fragare" ab, das „duften" bedeutet. Die Stammpflanze unserer heutigen Gartenerdbeere wurde um 1750 in Amsterdam entdeckt. Heute gibt es über 1 000 Sorten. Botanisch gesehen ist die Erdbeere gar keine Beere, sondern eine Sammelnussfrucht. Auf dem roten Blütenboden befinden sich die eigentlichen Früchte der Erdbeere: die Nüsschen.

DAS STECKT DRIN: Die Erdbeere enthält viele Vitalstoffe bei nur wenig Kalorien, allen voran Eisen, Kalium und Vitamin C.

WANN KAUFEN? Die ersten heimischen Erdbeeren gibt es ab Mitte Mai. Bis Ende Juli hat die Erdbeere dann Saison. Achte beim Einkauf auf reife, rote Früchte ohne Druckstellen. Nur sie entfalten ihr ganzes Aroma. Prüfe bei Körbchen auch die unten liegenden Früchte. Eine kleine Erdbeere hat meist mehr Geschmack als eine große. Am intensivsten schmeckt die Walderdbeere, deren Saison im Juli beginnt.

WIE LAGERN? Erdbeeren sind leicht verderblich. Frische Stiele und Kelchblätter und noch nicht eingedrückte Früchte sind Zeichen von guter Qualität. Im Kühlschrank halten sie sich zwei Tage.

WIE VERWENDEN? Die Beeren spült man nur kurz unter dem Wasser ab und entfernt dann erst das Grün. Pur schmeckt die Erdbeere unwiderstehlich. Sie ist auch perfekt für Desserts, Eis und Marmeladen und Gebäcke.

HIMBEERE

Himbeeren stammen von der Europäischen Himbeere ab, in die auch die Amerikanische Himbeere eingekreuzt wurde.

DAS STECKT DRIN: Salizylsäure in Himbeeren kann Schmerzen dämpfen und Fieber senken, Kalzium ist ein wichtiger Baustein für Knochen und Zähne. Folsäure in Himbeeren ist unerlässlich für die Blutbildung.

WANN KAUFEN? Himbeeren bekommst du von Juni bis August. Man unterscheidet zwischen den kleineren, aber aromatischeren Waldhimbeeren und Kulturhimbeeren.

WIE LAGERN? Im Kühlschrank halten sich die Beeren etwa zwei Tage. Himbeeren sind sehr empfindlich und halten sich nicht lange. Am besten verzehren oder noch am Tag des Einkaufs/der Ernte verarbeiten.

WIE VERWENDEN? Himbeeren werden bei der Zubereitung möglichst nicht gewaschen, da sie sich mit Wasser vollsaugen. Stattdessen schüttelt man die Beeren leicht oder braust sie kurz mit Wasser ab. Himbeeren entfalten ihr Aroma am besten, wenn man sie mit milden Säuren (Sauermilchprodukte) mischt. Sie schmecken pur, passen hervorragend zu Eis, Milchreis und Pudding und sind als Marmelade und Kuchenbelag beliebt.

HEIDELBEERE

Heidelbeeren heißen auch Blaubeeren und kommen in Europa, Asien und Nordamerika vor.

DAS STECKT DRIN: Ihre blaue Farbe verdanken Heidelbeeren den sogenannten Anthocyanen, das sind bioaktive Pflanzenstoffe. Die darin enthaltenen Gerbsäuren wirken verdauungsregulierend.

WANN KAUFEN? Heidelbeeren werden vor allem zwischen Juni und September angeboten. Man unterscheidet zwischen Waldheidelbeeren und den größeren Kulturheidelbeeren.

WIE LAGERN? Die Früchte sind sehr druckempfindlich, nicht lange haltbar und büßen schnell an Aroma ein. Im Kühlschrank sollte man sie flach ausgebreitet nicht länger als zwei Tage liegen lassen.

WIE VERWENDEN? Heidelbeeren verliest man am besten im stehenden Wasser. Kurz abbrausen und die empfindlichen Beeren mit etwas Küchenpapier trocken tupfen. Sie schmecken pur, in Kompott und Gebäck.

Johannisbeere

Die Johannisbeere ist mit der Stachelbeere verwandt und eine der ältesten einheimischen Beerenpflanzen. Es gibt sie in Rot, Weiß und Schwarz.

DAS STECKT DRIN: Die Johannisbeere enthält reichlich Vitamin C – am meisten steckt in der schwarzen Johannisbeere. Außerdem ist sie reich an Mineralstoffen und sekundären Pflanzenstoffen.

WANN KAUFEN? Von Juni bis August hat die Johannisbeere Saison. Die rote Johannisbeere ist etwas früher reif als die schwarze. Beim Einkauf sollte die Johannisbeere fest, unverletzt und von einheitlicher Farbe sein.

WIE LAGERN? Im Kühlschrank halten sich die Beeren flach ausgebreitet ein bis zwei Tage.

WIE VERWENDEN? Man streift sie mit einer Gabel von der Rispe und wäscht sie im stehenden Wasser. Pur schmecken die Johannisbeeren wunderbar. Man kann sie aber auch zu Grütze, Marmelade, Saft verarbeiten oder Kuchen damit belegen. Außerdem passt die rote Johannisbeere hervorragend zu Wild- und Geflügelgerichten.

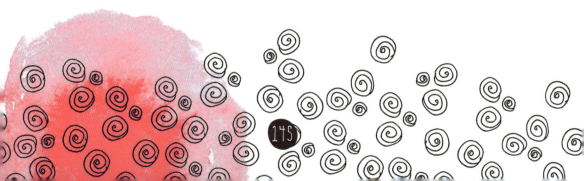

LEBENSMITTEL VON A–Z

KIRSCHE

Die aus dem westasiatischen Raum stammende Kirsche gehört zum Steinobst und wird in gemäßigten Klimazonen weltweit kultiviert. Man unterscheidet die hellrote Süßkirsche von der dunkleren, herben Sauerkirsche. Heute gibt es verschiedene Kreuzungen.

DAS STECKT DRIN: Die Sommerfrüchte sind reich an Antioxidantien (zellschützende sekundäre Pflanzenstoffe), Vitaminen und Mineralstoffen, vor allem Kalzium und Phosphor.

WANN KAUFEN? Ab Juni haben Süßkirschen Saison, etwas später auch Sauerkirschen. Die Erntezeit ist schon Ende August vorbei. Eine frische Kirsche ist stets fest, prall und glänzend. Der Stiel der Kirsche sollte grün und biegsam sein.

WIE LAGERN? Ungewaschen und mit Stiel in eine offene Papiertüte geben. So halten sich die Früchte im Gemüsefach des Kühlschranks einige Tage.

WIE VERWENDEN? Kirschen schmecken in Kuchen und Gebäck, aber auch eingekocht zu Marmelade oder Kompott sowie als Saft.

PFLAUME

Die saftig-süße Steinfrucht gelangte vor mehr als 2 000 Jahren von Syrien über Griechenland nach Europa. Von dem Steinobst gibt es mehr als 2 000 Sorten, darunter auch die Mirabelle und die Zwetschge.

DAS STECKT DRIN: Ballaststoffe und das zuckerähnliche Sorbit wirken verdauungsanregend. Die blauvioletten Pflanzenfarbstoffe der Pflaume (Anthocyane) sind gesunde Antioxidantien. Außerdem stecken in der Pflaume lebenswichtige und nervenstärkende B-Vitamine.

WANN KAUFEN? Die Früchte haben Saison von Juli bis in den Oktober, denn die Pflaume braucht viel Sonne, um saftig und aromatisch heranzureifen. Beim Einkauf darauf achten, dass die Früchte weich sind und fein duften. Ein Zeichen für Frische ist der weißliche Film auf der Haut.

WIE LAGERN? Zum Aufbewahren die Früchte in ein feuchtes Tuch wickeln und ins Gemüsefach im Kühlschrank legen. So halten sie sich etwas zwei bis drei Tage.

WIE VERWENDEN? Erst kurz vor dem Verzehr waschen. Bei zu viel Feuchtigkeit kann die Haut der Pflaumen platzen. Die Früchte schmecken verarbeitet zu Mus und in bzw. auf Gebäck.

PREISELBEERE

Sie heißen auch Krons- oder Riffelbeeren, stammen aus Nordeuropa und gedeihen auf der gesamten Nordhalbkugel.

DAS STECKT DRIN: Die Früchte enthalten viel immunschützendes Vitamin C, B_1, B_2, B_3 sowie Beta-Karotin.

WANN KAUFEN? Von Ende August bis Anfang September reifen aus den glockenförmigen Preiselbeerblüten die weißen und später leuchtendroten Beeren. Frisch sind sie gekühlt etwa eine Woche haltbar.

WIE VERWENDEN? Die herbsauren und leicht bitter schmecken Beeren eignen sich weniger zum Rohverzehr. Als Kompott, Marmelade oder Gelee machen sie sich wunderbar zu Käse, Wild und Geflügel.

QUITTE

In mediterranen Gärten ist die aus Asien stammende Quitte (Cydonia oblonga) seit dem Altertum verbreitet. Nördlich der Alpen wird sie vor allem von Liebhabern ihres besonderen Aromas geschätzt. Man unterscheidet Apfelquitten und Birnenquitten.

DAS STECKT DRIN: Die Quitte enthält reichlich Pektin, das gut für die Darmgesundheit ist sowie Vitamin C und den Pflanzenschutzstoff Quercetin, der immunschützend wirkt.

WANN KAUFEN? Achte beim Einkauf auf den Duft der Früchte, die von September bis November Saison haben. Reife Quitten duften intensiv nach Zitrone und Apfel. Außerdem ist auf ihrer Schale kaum noch etwas von dem charakteristischen Flaum zu finden. Kleine Quitten schmecken besser als große. Apfelquitten haben eine härtere Schale und sind weniger saftig als birnenförmige, dafür herzhafter. Keine Früchte mit Rissen oder Flecken kaufen. Quitten sind sehr schnell verdorben, wenn sie Druckstellen bekommen.

WIE LAGERN? Vollreife Quitten können im Gemüsefach des Kühlschranks noch bis zu einer Woche aufbewahrt werden. Nicht mit anderen empfindlichen Lebensmitteln zusammen lagern, weil sich das Aroma übertragen kann.

WIE VERWENDEN? Roh sind Quitten ungenießbar. Die Früchte eignen sich zur Verarbeitung zu Gelee, Quittenbrot und Saft sowie zu Likör, schmecken aber auch zu Fleischgerichten.

Stachelbeere

Die säuerlich-herb schmeckende Stachelbeere ist verwandt mit der Johannisbeere, jedoch größer und häufig behaart. Ursprünglich stammt die Stachelbeere aus dem euro-asiatischen und dem Mittelmeerraum. Heute wird die Beere in gemäßigten Klimazonen in aller Welt kultiviert. Es gibt sie in Rot und Grün.

DAS STECKT DRIN: Sowohl die rote wie auch die grüne Stachelbeere ist reich an Vitamin C, Mineralstoffen und sekundären Pflanzenstoffen.

WANN KAUFEN? Von Juni bis August hat die Stachelbeere Saison. Beim Einkauf auf pralle, unversehrte Beeren achten und möglichst frisch verzehren oder verarbeiten.

WIE LAGERN? Im Kühlschrank kann die Stachelbeere ein bis zwei Tage aufbewahrt werden.

WIE VERWENDEN? Rote Stachelbeeren kann man pur genießen. Sie sind süßer als die grünen Stachelbeeren und weniger pelzig. Die grüne Beere eignet sich gut als Kuchenbelag oder für Kompott.

Lebensmittel sind wertvoll...

... deshalb sollten sie auch nicht im Müll landen.
Dann lieber verschenken (www.foodsharing.de).

 Lagere deine Lebensmittel richtig, nicht zu warm und gut geschützt.

 Obst und Gemüse sind Naturprodukte und müssen nicht immer perfekt aussehen. Wenn du zu viel eingekauft hast oder beschenkt worden bist, dann mache Früchte, Gemüse, Pilze und Kräuter ein oder trockne sie.

 Verarbeite Reste kreativ: Aus nicht mehr ganz frischem Gemüse kannst du tolle Suppen zaubern. Früchte kannst du dörren (ganz einfach im Ofen!), pürieren und in Fruchtshakes, Joghurts oder Quarkspeisen verarbeiten.

 Gutes Brot auf keinen Fall wegwerfen, sondern zum Beispiel zu Brotpudding oder zu Paniermehl verarbeiten.

 Wenn der Bund Kräuter für das eine Gericht zu reichlich war oder dein Garten oder Balkon besonders viel hergibt, kannst du sie zum Beispiel mit Öl und Pinienkernen zu einem Pesto verarbeiten oder auf der Wäscheleine trocken und im Salat oder auf Gemüse verarbeiten.

LEBENSMITTEL VON A–Z

Alles Gemüse!

Wenn du Gemüse geschickt kombinierst, hast du viel Buntes, Aromatisches und Gesundes auf dem Teller: Vitamine, Mineralstoffe, Ballaststoffe und sekundäre Pflanzenstoffe. Hier findest du die wichtigsten heimischen Gemüsesorten vor, die du saisonal einkaufen kannst. Gemüsesorten wie Möhren, Sellerie oder Kürbis kannst du gut auf Vorrat kaufen und kühl lagern. Wasserreiches Gemüse wie Tomaten, Paprikaschoten oder Gurken und Blattsalate immer so frisch wie möglich kaufen. Vor der Verarbeitung Gemüse (und auch Obst) immer waschen und putzen. Als Zubereitung empfehle ich Trockenblanchieren mit Salz und Zucker, stehen lassen, bis es Wasser zieht und dann kurz bissfest dämpfen. So erhälst du seine tolle Naturfarbe. Übrigens: krumme, nicht genormte Gemüse sind die, die am natürlichsten gewachsen sind. Wenn du die Wahl hast, greife hier zu!

Wurzelgemüse

MÖHREN, SELLERIE UND PASTINAKEN wirken meist unscheinbar, schrumpelig, unansehnlich und standen lange Zeit bei Gourmets nicht besonders hoch im Kurs – vor allem, wenn sie so aussehen dürfen, wie sie gewachsen sind. Alle Knollen und Rüben haben es in sich. Sie sind echte Vitaminbomben und Fitmacher. Und machen Spaß in der Küche. Sie lassen sich als Chips, Püree und Texturgeber super verwenden.

Das steckt drin: Was in der Erde an Genießbarem heranreift, ist häufig reich an Vitaminen, Mineralstoffen und Spurenelementen wie Kalium, Kalzium, Phosphor, Natrium und Magnesium. Wurzeln sind deshalb vom Nähr- und Gesundheitswert deutlich höher einzuschätzen als das meiste Blatt- und Sommergemüse, allen voran Spinat, Tomaten oder Salate. Nicht zuletzt überzeugen die vielen verschiedenen Sorten mit ihren ganz individuellen geschmacklichen Facetten. Hier die best of

KNOLLENSELLERIE: Schon die alten Ägypter und die Griechen der Antike kannten ihn. Der Geruch von Sellerie ist intensiv: Die dicke, herb schmeckende Knolle eignet sich roh, gekocht oder gebraten für Salate, als Gemüse und in der Suppe. Vorsicht: Manche Leute reagieren allergisch!

MÖHRE, GELBE RÜBE, MOHRRÜBE ODER KAROTTE wird sie je nach Herkunftsregion genannt. Ihre orange Farbe erhielten die kultivierten Sorten erst durch Züchtungen in den 1960er-Jahren. Bis dahin waren sie gelb. Die knackige, fruchtig-süße Rübe schmeckt als Rohkost im Salat sowie gekocht, gedünstet, gegrillt oder angebraten. Möhren bewahren ihr Aroma am besten, wenn man sie ungewaschen im Kühlschrank aufbewahrt. Nie zusammen mit Äpfeln lagern, da diese die Bildung von Bitterstoffen fördern.

PASTINAKE: Die würzig-süßliche Wurzel war bis vor 200 Jahren noch das am häufigsten angebaute Wurzelgemüse in Europa. Unter dem Konkurrenzdruck der Kartoffel, die vom Preußenkönig Friedrich stark protegiert wurde, geriet sie in Vergessenheit, um von Bio-Landwirten wieder ausgebuddelt zu werden. Geschmacklich ähnelt die knollenförmige Wurzel ein wenig der Möhre. Sie schmeckt roh, gedünstet oder gegart – in Salaten, Eintöpfen oder als Hauptgericht.

PETERSILIENWURZEL: Sie sieht aus wie die Zwillingsschwester der Pastinake, hat aber völlig andere Qualitäten. Sie bringt eine feine Petersiliennote mit, die auch beim Kochen erhalten bleibt. So bildet sie eine schöne Grundlage für cremige Suppen und harmoniert gut zu Wild- und Rindfleisch.

ROTE BETE ist mit dem Mangold verwandt und stammt aus den Mittelmeerregionen. Schon die Babylonier und Phönizier schätzten die süßlich-erdige Rübe. Die Römer brachten sie dann in nördliche Regionen. Wie die Möhre wurde auch die süßlich, erdig schmeckende Rote Bete erst im vergangenen Jahrhundert durch Züchtung richtig rot. Rote Bete, die reich an Kalium, Magnesium und Kupfer sowie Folsäure und Eisen ist, schmeckt von März bis September in Salaten und Suppen, als Beilage oder gefüllt als Hauptgericht. Tipp: Je kleiner die Rüben, desto zarter die Knollen. Die Rüben immer im Ganzen garen, so behalten die Knollen ihren Saft und ihre wertvollen Inhaltsstoffe. Wurzeln und Blattansätze erst nach dem Garen abschneiden. Wer rote Verfärbungen an den Händen durch den roten Naturfarbstoff der Rübe, das Betanin, vermeiden will, sollte beim Verarbeiten Einmalhandschuhe anziehen. Mit Zitronensaft lässt sich die Farbe auch wieder entfernen. Im Gemüsefach des Kühlschranks kann Rote Bete bis zu zehn Tage aufbewahrt werden.

SCHWARZWURZEL: Der „Spargel für Arme" ist ein tolles Wintergemüse und schmeckt nussig-erdig. Unter der dunklen Wurzelhaut verbirgt sich ein zartweißes Gemüse, das sich gut in Suppen und Eintöpfen oder gemeinsam mit Wild, Äpfeln, Nüssen, Möhren und Muskatnuss macht. Kleiner Tipp: Nach dem Schälen und Kleinschneiden in Zitronenwasser geben, um Verfärbungen zu vermeiden. Anschließend in Salzwasser 20 bis 30 Minuten kochen.

TOPINAMBUR: Die cremefarbene Knolle, auch bekannt als Erdartischocke, stammt ursprünglich aus Nordamerika. Im 17. Jahrhundert kam die Knolle nach Europa – bis dann im 18. Jahrhundert die besser lagerfähige und im Geschmack dezentere Kartoffel begann, ihr den Rang abzulaufen. Die Topinamburknolle hat ein nussiges, an Artischocken erinnerndes Aroma, das bei hellschaligen Früchten stärker ausgeprägt ist als bei dunkelschaligen. Sie schmeckt gehobelt als Rohkostsalat, gedünstet, gebraten oder gebacken und mit Kümmel verfeinert. Und: Sie muss nicht geschält werden, es reicht, die Wurzel gründlich zu putzen. Topinambur am besten frisch verzehren oder so kurz wie möglich lagern.

FENCHEL: Ein sommerlicher Vertreter der Wurzelgemüse ist der aromatisch süßlich und anisähnliche duftende Fenchel. Man unterscheidet zwischen dem milderen Garten- und dem schärferen Pfefferfenchel. Die weißlich bis hellgrüne Knolle ist reich an Kalzium, Magnesium, Kalium und Vitamin C. Fenchel eignet sich bei milden Gerichten als Beilage, roh mariniert, fein geschnitten im Salat oder solo in Suppen. Im Gemüsefach des Kühlschranks hält er sich etwa drei bis fünf Tage. Vor dem Zubereiten von Fenchel muss die Knolle gut gereinigt werden. Der Wurzelansatz und beschädigte oder trockene Blätter entfernen. Das Grün an der Knolle kann mitverarbeitet werden.

KARTOFFEL: Schon seit 2 000 Jahren wird die Kartoffel in ihrer Urheimat Südamerika als Kulturpflanze angebaut. Nach Europa kam die vielseitige Knolle im 16. Jahrhundert, wo sie zunächst als Zierpflanze angebaut wurde. Erst Friedrich der Große erkannte in der Kartoffel dann das Volksnahrungsmittel. Im Mai und Juni sind die ersten hier geernteten Frühkartoffeln auf dem Markt. Ab August gibt es die mittelfrühen Sorten, ab Oktober die späten. Kartoffeln schmecken leicht süßlich und unterscheiden sich je nach Sorte in Aussehen, Farbe und Aroma. Festkochende Sorten haben den geringsten Stärkegehalt, behalten beim Kochen ihre feste Struktur und eignen sich deshalb hervorragend für Salate, Bratkartoffeln oder Gratins (z. B. Hansa, Sieglinde). Unter vorwiegend festkochenden Sorten findet man Kartoffeln mit höherem Stärkeanteil. Sie sind ideal für Pell-,

Salz- und Bratkartoffeln (z. B. Clivia, Hella, Grata). Mehligkochende Sorten eignen sich gut zum Zerstampfen, Pürieren, für Klöße und für Knödel (z. B. Datura, Irmgard). Kartoffeln sollten dunkel und kühl gelagert werden.

MEERRETTICH: Die scharfe Wurzel stammt aus Asien und Südosteuropa. Seit dem 15. Jahrhundert ist der Meerrettich in Deutschland bekannt. Er ist reich an Vitamin C, Kalzium, Phosphor und ätherischen Ölen. Die Saison von Meerrettich reicht von Oktober bis Ende Februar. Roh gerieben ist er ein beliebtes Gewürz zu Fisch, Fleisch und Salaten. Bei dunkler und kühler Lagerung hält sich Meerrettich mehrere Wochen. Am besten schmeckt er aber frisch.

RADIESCHEN: Die kleinen lang-ovalen Rüben variieren farblich von Weiß bis Violett. Innen sind sie immer weiß. Ursprünglich stammen Radieschen wohl aus China. Nach Europa kamen die ersten Radieschen im 16. Jahrhundert. Das scharfwürzige Gemüse hat ganzjährig Saison. Radieschen sind reich an Glucosinolaten, Eiweiß, Kalzium, Kalium, Provitamin A, Vitamin B_1, B_2 und circa 29 Milligramm Vitamin C. Der Geschmack der Radieschen kommt durch das Allylsenföl zustande. Radieschen schmecken pur oder in Salaten. Sie sollten am besten frisch verzehrt werden. Im Kühlschrank halten sie sich bis zu zwei Tage.

ZWIEBEL: Die Knollen, die zur Familie der Liliengewächse gehören und ursprünglich aus dem Nahen Osten stammen, liefern reichlich Vitamin C und Kalium. Für ihr Aroma sind ätherische Öle verantwortlich. Je intensiver dieses zu Tränen rührende Aroma, desto frischer ist sie. Gute Zwiebeln sind prall, fest und trocken und haben keine grünen Triebe. Gute Frühlingszwiebeln zeigen ein festes, kräftig-sattes Grün. Am besten schmecken die Knollen im Sommer und Frühherbst, wenn sie hierzulande geerntet werden. Zwiebeln sollten nicht in Plastiktüten aufbewahrt werden. Ideal gelagert werden sie an einem kühlen, dunklen und trockenen Platz mit Luft. Weiße Zwiebeln halten dort mehrere Wochen, braune bis zu sechs Monaten. Rote Zwiebeln und Frühlingszwiebeln machen schneller schlapp. Letztere hebt man im Gemüsefach des Kühlschranks auf, wo sie sich etwa eine Woche halten.

BRAUNE ZWIEBEL: Pikant-scharfes Aroma beim Dünsten und Schmoren, jung auch fein gehobelt im Salat. Passen gut zu Fleisch und kräftigem Gemüse.

WEISSE ZWIEBEL: Die Milden lassen sich gut füllen, grillen oder schmoren. Schmecken fein geschnitten auch im Salat.

LEBENSMITTEL VON A–Z

ROTE ZWIEBEL: Die Aromatischen geben frisch und roh Salaten, Marinaden oder Broten eine würzige, süßliche Note.

FRÜHLINGSZWIEBEL: Roh für Salate, Quark, Dips und Dressings, auch für asiatische Gerichte.

SCHALOTTE: Die fein, süßlich-würzige Schwester der Zwiebel besteht aus mehreren Teilzwiebeln und stammt vermutlich aus dem Nahen Osten. Es gibt sie mit brauner, roter, grauer, rosafarbener und gelber Schale sowie mit weißem bis violettfarbenem Fruchtfleisch. Die nährstoffreichen Schalotten (Provitamin A, Vitamin B_1, B_2, B_6, C, E, Biotin, Niacin, Folsäure) können sowohl roh oder auch im Ganzen gegart und geschmort werden. Oft benutzt man sie als Gewürz, zum Verfeinern von Salaten, Suppen und Saucen oder als Beilage zu Gemüse-, Fleisch- und Fischgerichten. Schalotten haben von Oktober bis Mai Saison.

KNOBLAUCH: Unentbehrlich in der Küche ist die mediterrane Knolle mit dem einzigartigen Aroma, die auch jede Menge Vitamine, Mineralstoffe und Spurenelemente liefert. Was ihn so unverwechselbar macht, ist das stark schwefelhaltige, ätherische Öl namens Allicin. Erntefrischer Knoblauch ist elastisch, hat pralle, saftige Zehen, einen grünen, festen Stiel und eine leicht feuchte, rosafarbene Haut ohne gelbe oder dunkle Stellen. Getrockneter ist fest und hat eine glatte, seidenpapierdünne, weiße oder rosafarbene Hülle. Kenner kaufen Knoblauch dann im Juni, Juli und August, wenn die Knöllchen erntefrisch aus Italien, Spanien oder Frankreich kommen. Knoblauch kann man auch ganz einfach auf dem Balkon oder im Garten ziehen. Frischer Knoblauch sollte nicht länger als zwei Wochen im Gemüsefach des Kühlschranks liegen. Auch getrocknete Knollen kühl, dunkel und luftig lagern. Schnittknoblauch hält sich – in einem feuchten Tuch und im Schraubglas – im Kühlschrank drei bis sieben Tage.

WURZELGEMÜSE RICHTIG LAGERN: Im Allgemeinen mögen es Wurzeln und Knollen gerne kühl und feucht – entweder regelmäßig befeuchtet im Keller oder in ein feuchtes Tuch eingewickelt im Gemüsefach des Kühlschranks.

FRUCHTGEMÜSE

TOMATE: Sie ist – knapp gefolgt von der Gurke – das Lieblingsgemüse der Deutschen. Sonnengereifte Tomaten duften bitterherb und schmecken zwischen sauer und süß. Hierzulande sind sie am besten zwischen Juli bis September. Damit das Fruchtgemüse Geschmack hat, sollten die Früchte fest und eher klein sein, keine schrumpeligen Falten oder dunkle Stellen haben. Höcker und Rippen sind sortenbedingt, oft schmecken diese besonders intensiv. Blätter und Stiele sind grün. Ganz grün sollten Tomaten nicht sein, da sie so auf den Magen schlagen könnten, rotgrün ist hier aber völlig in Ordnung. Aus Tomaten lassen sich Lieblingsgerichte zaubern sowie Saft, Ketchup und Passato. Eine reife Tomate bleibt ein bis zwei Wochen lang frisch, wenn sie bei etwa 12 bis 15 °C lagert. Kühlschrankluft bekommt ihr weniger. Beim Nachreifen verströmt die Tomate das Gas Ethylen, das auch anderes Gemüse und Obst schneller reifen lässt. Deswegen keine Bananen, Gurken oder ähnlich Empfindliches danebenlegen. Es gibt Hunderte von Tomatensorten. Am häufigsten werden die knackigen, saftigen und eher säuerlichen Normaltomaten verwendet. Fleischtomaten eignen sich für Saucen, Suppen und Geschmortes. Eier- oder Flaschentomaten stammen aus dem Mittelmeerraum und werden dort wegen ihres dicken Fruchtfleischs und der Süße in Salaten und Saucen verwendet. Die Kirschtomate ist inzwischen für viele Tomatenfans die beste Wahl, weil sie am aromatischsten schmeckt. Strauchtomaten gibt es von allen Sorten.

GURKE: Sie sind aus kaum einer Küche der Welt wegzudenken. Schlangengurken wachsen wetterunabhängig unter Glas oder Folie, weshalb sie ganzjährig im Handel sind. Die mittelgroßen, hellgrünen bis gelben Schäl- und kleinere Gartengurken hingegen haben eine dickere Haut, festeres Fruchtfleisch und ein intensiveres, leicht bitteres Aroma. Ihre Saison läuft von August bis in den Herbst hinein. Ideal zur Lagerung sind kühle, dunkle Keller. Hier halten sie sich drei Wochen. Der Kühlschrank ist tabu.

PAPRIKASCHOTE: Gemüsepaprika gibt es in Rot, Gelb und Grün. Grüne werden unreif geerntet und schmecken etwas herber. Die Roten bieten das meiste Aroma und die meisten Vitalstoffe, allen voran Vitamin C. Freilandpaprika kommen ab Sommer bis in den Herbst auf unsere Märkte, meist aus den Mittelmeerländern und zum Teil aus Südosteuropa. Beim Einkauf auf Früchte mit frischen Stielen

achten. Er schmeckt in Olivenöl mariniert, roh in Stiften oder Streifen, in pikanten Salsas, als Relish sowie püriert in einer Paprikasauce. Sanfter und süßer schmeckt Paprika gekocht, gebraten, gefüllt oder überbacken, auf der Pizza oder im Auflauf. Im Gemüsefach im Kühlschrank hält sich Paprika etwa eine Woche, eingepackt in einen Plastikbeutel mit Luftlöchern. In Kellerkühle hält er sein Aroma besser, allerdings nur drei bis vier Tage.

KÜRBIS: Botanisch gesehen ist der Kürbis eine Beere. Eng verwandt sind sie mit Gurken, Melonen und Zucchini. Es gibt gelbe, orangefarbene, dunkelgrüne, weiße und graue Kürbisse, runde, ovale, birnen- und zwiebelförmige, glatt, mit Rippen oder mit Huppeln übersät. Zu den am häufigsten verwendeten Speisekürbissen gehören neben den Riesenkürbissen die Gemüse- oder auch Gartenkürbisse sowie die Moschuskürbisse, zu denen auch der birnenförmige, hellgelbe Butternusskürbis mit seinem buttrig-nussigen Fruchtfleisch zählt. Besonders beliebt ist der orangerote Hokkaido-Kürbis. Sein Fleisch schmeckt aromatisch-nussig. Kürbisfleisch enthält viele wertvolle Inhaltsstoffe wie Kalium, Kalzium, Zink und Vitamine der Gruppen A, C, D und E. Grund genug, es öfter auf den Tisch zu bringen. Ist seine Schale intakt, kann man ihn im Keller wochen- oder sogar monatelang lagern. Angeschnittene Kürbisse halten sich im Kühlschrank ein paar Tage. Erntezeit ist von August bis September. Ob ein Kürbis reif ist, erkennt man daran, dass er hohl klingt, wenn man gegen seine Schale klopft.

Er schmeckt in Suppen und Eintöpfen, gebraten, gedünstet oder gekocht als Gemüse, süßsauer eingelegt, als Kuchen oder Chutney. Aus Kürbiskernen wird unter anderem in der Steiermark Kürbiskernöl hergestellt.

ZUCCHINI: Zucchini gehören zu den Kürbissen und haben keinen besonderen Eigengeschmack, können deshalb aber gut kombiniert werden. Je kleiner, desto feinwürziger sind sie. Auf dem Markt findet man sie in verschiedenen Farben: Gelb, Hell- und Dunkelgrün. Ideal sind junge, etwa 15 Zentimeter lange Früchte. Größere Exemplare kann man füllen. Im Frühjahr bilden Zucchini große, gelbe Blüten aus, die man füllen oder in Teig gehüllt frittieren kann. Zucchini sollten immer fest, mit straffer Haut und frischem Stielansatz sein. Freilandzucchini kann man ab Mitte Juni bis Oktober bekommen. Die Zucchini halten sich in einer Plastiktüte im Gemüsefach ein bis zwei Wochen. Blüten sofort verarbeiten, da sie rasch welken.

HÜLSENFRÜCHTE

Nicht nur in der vegetarischen Küche stehen diese eiweißreichen Ballaststoffträger hoch im Kurs. Zu ihnen gehören

LINSE: So vielfältig und bunt wie die verschiedenen Linsensorten sind auch ihre kulinarischen Möglichkeiten. Es gibt sie in Klein und Groß, Gelb, Braun, Grün, Schwarz und Rot. Geschmacklich unterscheiden sie sich ebenfalls sehr. Grüne Linsen sind frische, ungelagerte Hülsenfrüchte. Sie schmecken nach Nüssen und eignen sich beispielsweise für Salate oder als Beilage. Die braunen, etwas größeren Tellerlinsen sind feinmehlig und schmecken süß und feinwürzig in Suppen, Eintöpfen oder als Beilage. Sie haben eine längere Garzeit. Berglinsen ähneln den braunen Linsen, sind aber kleiner, fester und mild vom Geschmack und haben eine kürzere Garzeit. Sie schmecken in kräftigen Eintöpfen oder Aufläufen und keimen zu feinen Sprossen. Gelbe Linsen sind geschälte grüne Linsen mit mildem, kaum linsentypischem Aroma. Sie sind in wenigen Minuten gar und sind ideal für Pürees, Suppen und Saucen. Rote Linsen sind geschälte Berglinsen, werden beim Garen breiig und verfärben sich dabei ins Gelbliche. Beluga-Linsen sind klein, schwarz, köstlich und sehr dekorativ.

ERBSE: Im Handel gibt es sie in Gelb mit leicht süßlicher Geschmacksrichtung oder in Grün mit einem kräftigeren Aroma. Erbsen schmecken in Aufläufen, Suppen und deftigen Eintöpfen. Von Juni bis August bekommt man frische, feste Erbsen in der Schote – meist süßlich schmeckende Markerbsen, hin und wieder aber auch Schalerbsen. Frische Erbsen halten im Kühlschrank bis zu drei Tage.

BOHNE: Es gibt verschiedene Sorten, von der weißen Bohne über die Kidneybohne bis hin zur Azuki-Bohne. Frisch bekommt man gelbe und grüne Bohnen, runde und breite, lange und kurze ab Frühsommer – zuerst die breiten Sorten für Schnippelbohnen und die dicken Bohnen (Sau-, Puffbohnen). Hauptsaison ist von Juni bis September. Frische Bohnen dürfen nur gegart verzehrt werden, roh enthalten sie Phasin, das leicht auf den Magen schlägt.

SOJABOHNE: Sojabohnen gehören ebenfalls zu den Hülsenfrüchten. Sie sind hier einer der besten Eiweißträger, reich an essenziellen Aminosäuren sowie Mineralstoffen wie Kalium, Magnesium, Eisen und Folsäure und können vom Körper sehr gut verwertet werden. Sojabohnen schmecken in Suppen, Eintöpfen oder als Gemüsebeilage. Bohnen und Lebensmittel aus Soja (zum Beispiel Mehl, Sprossen oder Tofu) werden vor allem in der asiatischen Küche eingesetzt.

BLATTGEMÜSE

SPINAT: Die Blattpflanze aus der Familie der Gänsefußgewächse wurde im 16. Jahrhundert aus dem Orient eingebürgert und verdrängte traditionelle Gemüsearten wie die Melde oder den Guten Heinrich. Frische Spinatblätter sind von kräftiger, grüner Farbe und die Blattform ist zart – meist spießartig. Sie schmecken mild und aromatisch. Die heimische Saison ist von September bis Juni. Spinat ist äußerst vielseitig und kann roh und gegart verwendet werden, als Suppe oder Gemüsegericht, als Salat oder Füllung. Vor der Verarbeitung Stängel und dicke Blattrippen entfernen. Nach dem Kochen den Spinat kurz abschrecken, so behält er seine grüne Farbe. Frischer Spinat hält sich im Kühlschrank maximal eine Woche.

BLATTSALAT: Botanisch lassen sich Salate in zwei Gruppen einteilen. Salate der Lattich-Gruppe (Lactuca-Gruppe) sondern beim Anschnitt eine milchige Flüssigkeit ab und enthalten nur wenig Bitterstoffe. Dazu gehören: Kopf-, Eis-, Batavia-, Romanasalat sowie Schnitt- bzw. Pflücksalatarten. Die Zichorien-Gruppe enthält ebenfalls Milchsaft, aber mehr Bitterstoffe. Der Vitamin- und Mineralstoffgehalt ist in der Regel etwas höher. Hierzu gehören unter anderem Endivien, Chicorée, Blattzichorie und Radicchio. Salat sollte gleich am Tag des Einkaufs verzehrt werden. Ein paar Tage lang hält er sich aber in der Regel gut im Gemüsefach des Kühlschranks in einem Kunststoffbehälter, einem Plastikbeutel oder feuchtem Tuch. Feldsalat oder sehr krausblätterige Arten (Frisée oder Lollo) vor der Zubereitung immer besonders sorgfältig und gründlich spülen. Wasser verhindert die Verbindung mit dem Salatdressing. Deshalb die Blätter vor dem Anrichten gut abtropfen lassen oder in der Salatschleuder trocknen. Die beliebtesten Sorten sind:

KOPFSALAT mit seinem mild-süßlichen Geschmack. Die äußeren Blätter des Kopfsalats haben einen intensiveren Geschmack als die Herzen. Freilandware hat von Mai bis Oktober Saison. Kopfsalat besteht zu etwa 95 Prozent aus Wasser, ist aber reich an Mineralstoffen und Ballaststoffen sowie Folsäure, Vitamin A und Vitamin C.

EISBERGSALAT ist mit seinem mild-neutralen Geschmack und den festen, knackigen Blättern die kompaktere Variante. Er hat von Mai bis Oktober Saison. Beim Einkauf auf saftige Blätter, einen fest geschlossenen Kopf und einen knackigen Strunk achten.

FELDSALAT ist ein typischer Wintersalat und hat zarte Blätter mit mild-nussigem Geschmack. Er hat von allen Salatsorten den höchsten Gehalt an Vitaminen und Mineralstoffen. Am besten schmeckt er von Oktober bis Januar, ist aber von September bis Mai erhältlich. Er sollte knackige Stiele haben und straffe Blätter.

FRISÉESALAT hat fransige, knackige Blätter, die leicht bitter und herzhaft-würzig schmecken. Von Mai bis November gibt es ihn im heimischen Anbau zu kaufen.

CHICORÉE mit seinem typisch bitteren Aroma bildet lange, ovale Köpfe. Die festen Blätter schmecken in Wintersalaten, überbacken, gedünstet und gebraten.

RUCOLA (Rauke) hat löwenzahnähnliche, feste Blätter. Seine Senföle sorgen für den würzig-scharfen, leicht nussigen Geschmack. Von April bis November hat Rucola Saison. Am besten schmeckt er im späten Frühjahr und im Herbst.

KÜCHENKRÄUTER

Es gibt viele verschiedene Sorten, die sich unterschiedlich verwenden lassen. Die einen passen besser zum Fisch und die anderen besser zum Gemüse oder Fleisch. Beim Einkauf darauf achten, dass die Stängel nicht verholzt sind und die Kräuter frische Blätter haben. Jedes Kraut sollte intensiv und frisch riechen! Kräuter haben neben ihren wunderbaren Aromen einiges zu bieten: ätherische Öle, Harze, Alkaloide, Bitter-, Gerb- und Schleimstoffe, organische Säuren, Enzyme, pflanzliche Hormone, Mineralstoffe und Vitamine. Wie du Kräuter ganz einfach selbst anbauen und ernten kannst, lies einfach auf Seite 164 nach.

KOHL

Schon die Griechen und Römer bauten vor 2 500 Jahren das gesunde Gemüse an. Es gibt unzählige verschiedene Sorten in den unterschiedlichsten Formen und Farben. Alle jedoch sind besonders reich an dem immunschützenden Vitalstoff Vitamin C, was ihn zum idealen Wintergemüse macht. Außerdem ist er reich an Vitamin B, Kalium, Kalzium, Natrium und blutbildendem Eisen. Rosenkohl und Grünkohl sind besonders reich an Magnesium und Kalium. Die wichtigsten Vertreter sind

BLUMENKOHL: Frischer Blumenkohl hat feste, geschlossene Röschen, knackig-grüne Blätter und einen saftigen Strunk. Vor der Zubereitung sollte er kurz in Salzwasser gelegt werden, um Ungeziefer zu entfernen. Im Kühlschrank hält er sich bis zu drei Tage. Freilandblumenkohl gibt es von Mai bis Oktober. Eine Variante ist der grünliche Romanesco. Er ist noch vitaminreicher und aromatischer.

BROKKOLI: Dieser Kohlvertreter schmeckt herzhafter als seine Verwandten. Beim Kauf auf fest geschlossene grüne Röschen achten. Frischer Brokkoli wird von Juni bis Oktober angeboten.

CHINAKOHL: Die Kreuzung aus Pak-Choi und Speiserübe hat leicht wellige, gelb bis dunkelgrüne, längliche Blätter. Durch seine Senföle ist er noch bekömmlicher als andere Kohlarten. Im Kühlschrank hält er sich etwa eine Woche frisch. Hauptsaison ist September bis März.

GRÜNKOHL: Damit das typische Wintergemüse einen leicht süßlichen Geschmack entfaltet, sollte der Kohl vor der Ernte längere Zeit kalten Temperaturen ausgesetzt gewesen sein. In Norddeutschland isst man Grünkohl gern deftig mit Kohlwurst, Kassler oder Schweinebacke. Zu langes Kochen schadet seinen Inhaltsstoffen – am besten nur kurz blanchieren, dann hacken und dünsten. Trocken gelagert hält er sich eine Woche frisch. Saison hat der Grünkohl von September bis März.

KOHLRABI: Die kleinen, grünen, leicht nussig schmeckenden Knollen eignen sich gut für Rohkost, Eintöpfe, Suppen, Füllungen, zum Überbacken und als Salat. Einen besonders hohen Gehalt an Vitaminen und Mineralstoffen enthalten die Blätter, die auch immer mit verwendet werden sollten.

ROSENKOHL: Frisch hat er hat feste geschlossene Röschen von hell- bis dunkelgrüner Farbe und schmeckt gegart leicht süßlich. Im Kühlschrank ist er maximal vier Tage haltbar.

ROTKOHL: Geraspelt schmeckte der leicht süßliche Kohl sehr gut als Salat oder gegart als Gemüse. Ein Schuss Essig im Kochwasser stabilisiert die rote Farbe. Im Gemüsefach des Kühlschranks hält er sich mindestens 14 Tage.

SPITZKOHL: Er gilt als die edelste Kohlsorte und ist nur kurze Zeit im Frühjahr und Sommer erhältlich. Kulinarisch ist der mild schmeckende Kohl vielfältig einsetzbar in Salaten, Rohkost oder Gemüsegerichten. Er eignet sich nicht zum Lagern.

WEISSKOHL: Das beliebte Herbst- und Wintergemüse eignet sich sehr gut für deftige Eintöpfe, Kohlrouladen oder Salate. Kühl gelagert ist der Weißkohl etwa zwei Wochen haltbar. Eine beliebte Variante ist das Sauerkraut, bei dem der Weißkohl durch Milchsäuregärung konserviert wird.

WIRSING: Er ist das ganze Jahr über erhältlich, zuerst als milderer Frühwirsing ab Mai, später als Herbst- oder Dauerwirsing. Seine Blätter sind zarter als die der meisten anderen Kohlsorten. Er ist in der Küche sehr vielseitig verwendbar, für Salate eignet sich der Frühwirsing am besten.

```
TIPP: Kohl am besten unverpackt kaufen. In Folie verpackt
fault und schimmelt er sehr schnell. Ins Kochwasser immer einen
kleinen Schuss Essig geben und schon ist Schluss mit dem typi-
schen Kohlgeruch. Bei der Zubereitung von Kohl immer etwas Öl
oder Butter verwenden, damit die Vitamine auch vom Körper auf-
genommen werden können. Gegen die blähende Wirkung hilft die
Zubereitung mit Gewürzen wie Anis, Fenchel oder Kümmel.
```

Kräuter, Salat, Erdbeeren und Tomaten sind die dankbarsten Balkongewächse. Bohnen, die sich am Gitter entlang ranken, blühen schön, ebenso wie Kapuzinerkresse. Mangold, Spinat, Endiviensalat, Kresse, Petersilie oder Zitronenmelisse gedeihen auch an schattigen Plätzen, ebenso Walderdbeeren. Tomaten und Paprika haben am liebsten volle Sonne.

Foodwerkstatt Garten

Ein Top-Trend bei Menschen, die gerne etwas mit den Händen tun und gut essen, ist das Home-Gardening, altmodisch auch als Gärtnern bekannt. Nun hat nicht jeder einen Garten vor dem Haus, den er in ein Gemüse-, Obst- und Kräuterparadies verwandeln kann. Aber Platz ist auch für einen grünen Daumen in der kleinsten Hütte. Schon auf einem Balkon lässt sich viel anstellen, das nicht nur gut aussieht, sondern auch deine Foodwerkstatt mit Frischem ergänzt.

Alles, was du brauchst, sind Blumenkisten, die du auf allen Ebenen nutzen kannst. An Gittern und Seitenwänden ist Raum für Rankpflanzen. An die Decke kannst du Ampeln befestigen und in jeden Tomatentopf passt ein Basilikum. Und du kannst alles bepflanzen, was du willst: ausrangierte Gummistiefel, Konservenbüchsen, Tassen vom Flohmarkt ... Wenn du mit dem Aussäen beginnst, schaue bitte auf der Packung nach, was die Saattiefe und den Abstand der Samenkörner betrifft, dass die Pflanzen genug Platz haben. Immer Freilandware kaufen, keine Treibhausware!

KRÄUTER: DIE KLASSIKER

Welche Kräuter du anbauen willst, hängt letztlich von deinen Geschmacksvorlieben ab. Hier stelle ich dir ein paar Klassiker vor, die du vielseitig in deiner Küche einsetzen kannst.

PETERSILIE: Kaum ein anderes Kraut ist so vielseitig wie Petersilie. Ob in der Suppe, im Gemüse oder als grüner Farbtupfer. Leider kann man von der Petersilie nicht behaupten, dass sie anspruchslos ist. Vor allem gegenüber zu viel Wasser reagiert sie sehr empfindlich.

Standort: sonnig bis leicht schattig
Aussaat: Ende März bis September
Lieblingsnachbarn: Bohnen und Erbsen, Möhren, Salat, Spinat und Tomaten

BASILIKUM: Das einjährige Königskraut, wie Basilikum auch heißt, braucht ausreichend Sonnenlicht. Beim Abschneiden immer die ersten zwei bis vier Blätter am oberen Ende eines Triebes mit einer Schere abschneiden. So bleibt die Pflanze schön buschig. Vor dem Austrocknen schützen, aber Staunässe vermeiden. Die Blätter vor der Blüte ernten, da sie dann am aromatischsten sind.

Standort: volle Sonne
Aussaat: ganzjährig an einem warmen und hellen Platz
Lieblingsnachbarn: Tomaten, Thymian

TIPP: Du kannst Basilikum natürlich auch vorgezogen im Topf kaufen. Basilikumsorten gibt es in unterschiedlichen Färbungen und Geschmacksrichtungen. Neben grünem Basilikum gibt es auch rote oder purpurfarbene Sorten wie „Dark Opal" oder „Purple Delight", nicht zu vergessen Zitronenbasilikum, Thai-Basilikum und, und, und ...

THYMIAN: Thymian ist wie alle mediterranen Kräuter ein Sonnenanbeter. Beim Anbau darauf achten, dass es nicht zu Staunässe kommt. Beim Ernten immer die Zweigspitzen abschneiden, damit sich die Pflanze weiter verzweigt. Am besten kaufst du ihn vorgezogen im Topf. Auch hier gibt es die verschiedensten Varianten, vom Zitronen- bis zum immergrünen Echten Thymian.

Lieblingsnachbarn: Tomaten

SCHNITTLAUCH: Schnittlauch bietet geschmacklich eine frische Alternative zu Zwiebeln. Anbau und Pflege sind einfach. Ein halbschattiger Platz und lockerer, humusreicher Boden machen die Schnittlauchpflanze glücklich. Aber: Staunässe sollte vermieden werden.

Standort: Sonne bis Halbschatten
Aussaat: März bis August
Lieblingsnachbarn: Oregano, Petersilie, Rosmarin, Dill, Möhren

OREGANO: Wie andere Küchenkräuter auch, werden Oregano zahlreiche gesundheitsfördernde Eigenschaften nachgesagt. Am besten vorgezogen im Topf kaufen.

Lieblingsnachbarn: Möhren, Lauch, Tomate, Schnittlauch

ROSMARIN: Bei der Verarbeitung dieses mediterranen Würzkrauts ist es – wie bei allen Kräutern – sehr wichtig, frische Zweige zu verwenden. Durch Trocknung und Lagerung geht ein Großteil des typisch harzigen, leicht bitteren Aromas verloren. Am besten im Topf kaufen.

Lieblingsnachbarn: Salbei, Thymian, Schnittlauch

SALBEI: Der verholzende Salbeistrauch kann bis zu einer Höhe von 60 Zentimeter heranwachsen. Am besten vorgezogene Jungpflanzen kaufen.

Standort: sonnig, mit trockenem, durchlässigem Boden, der mit Kompost und Kalk angereichert ist.
Ernte: Kurz vor der Blüte, da die Blätter jetzt am aromatischsten sind. Sie können getrocknet oder frisch verwendet werden. Salbei hat ein herb-würziges Aroma, dass leicht bitter schmecken kann.

GEMÜSE AUF DEM BALKON

Damit du rasch die Früchte deiner Arbeit ernten kannst, eignen sich einfache und schnell wachsende Gemüsearten besonders gut.

RADIESCHEN: Sie sind eine der am längsten anbaubaren Gemüsearten und gedeihen von April bis September. Außerdem wachsen sie sehr schnell und können bereits nach drei bis vier Wochen geerntet werden. Am besten säst du sie alle zwei bis drei Wochen neu aus, damit du sie länger ernten kannst. Da Radieschen selbst in guter Qualität zu einem relativ geringen Preis zu finden sind, empfiehlt sich der Anbau seltener Sorten. So machst du eine kleine Entdeckungsreise durch die Sortenvielfalt.

Standort: sonnig bis leicht schattig
Aussaat: Ende März bis September
Ernte: April bis November
Sorten: Eiszapfen, Riesenbutter, Rudi
Lieblingsnachbarn: Bohnen, Erbsen, Möhren, Salat, Spinat und Tomaten

SALAT: Die ideale Einstiegspflanze in den Gemüseanbau. Bei entsprechender Aussaat kannst du jeden Abend frischen Salat pflücken.

Standort: sonnig bis halbschattig
Aussaat: März bis August
Ernte: Mai bis Oktober
Sorten: Lollo rosso, Feldsalat, Schnittsalat, Rucola (Blüten entfernen, damit sich keine Samen bilden)
Lieblingsnachbarn: Bohnen, Bohnenkraut, Erbsen, Gurken, Kohl, Radieschen, Tomaten, Zwiebeln

ZUCKERERBSEN: Beliebt bei Groß und Klein und hübsch anzusehen.

Standort: sonnig, lockere humose Erde, brauchen eine Rankhilfe
Aussaat: April bis Juli
Ernte: Juni bis August
Sorten: Zuckearfen, Hendriks (Frühe Heinrich)

Lieblingsnachbarn: Dill, Kohl, Möhren, Radieschen, Salat (ungeeignete Nachbarn: Bohnen, Kartoffeln, Lauch und Tomaten)

MÖHREN: Wenn man nicht gerade auf dem Wochenmarkt einkaufen geht, findet man in der Gemüseauslage immer nur die gleich aussehenden orangefarbenen Möhren. Auf dem Balkon kannst du auch einmal alte Sorten, gelbe oder lila Möhren ausprobieren.

Standort: volle Sonne
Aussaat: frühe Sorten bereits ab Ende Februar bis Juni, späte Sorten März bis Juni, abhängig von jeweiliger Sorte
Sorten: Ochsenherzen (frühe Sorte), Rothild, Nantaise 2, Purple Haze
Lieblingsnachbarn: Dill, Erbsen, Salat, Tomaten, Zwiebeln (schützen vor der Möhrenfliege!)

BOHNEN: Es gibt Buschbohnen, Stangen- oder Kletterbohnen, Prunkbohnen oder Puffbohnen. Die Pflanzen von Buschbohnen werden ca. 30 bis 40 Zentimeter hoch und sind für Kübel sehr gut geeignet. Kletterbohnen brauchen eine große Rankhilfe in Form von Stangen oder gespannten Seilen.

Standort: sonnige Lage
Aussaat: Ende April (Fensterbank) bzw. Mitte Mai (Balkonkasten) bis Ende Juni
Ernte: Juli bis Oktober
Sorten Buschbohnen: Maxi, Saxa
Sorten Stangenbohnen: Margret, Blauhilde
Lieblingsnachbarn: Bohnenkraut, Gurken, Kohl, Radieschen, Salat, Tomaten

Extraschön: Essbare Blüten

Ob Gänseblümchen, Veilchen, Kapuzinerkresse oder Tagetes – essbare Blüten tun dem Auge wohl und sind eine bezaubernde Dekoration auf jedem Teller. Farbenfrohe essbare Blüten machen sich gut in Salaten und an Vorspeisen oder lassen sich sogar schmackhaft füllen.

Super schmecken

Borretsch:	kandiert, in Eiswürfeln für sommerliche Getränke
Dilldolde:	für eingelegte Gurken
Gänseblümchen:	Kräuterquark, Suppe
Gartennelke:	kandiert
Hibiskus:	kandiert, Tee
Holunderblüte:	für Gelees, Holunderwein, in Ausbackteig
Kamille:	Tee
Kapuzinerkresse:	Salat
Kürbisblüte:	zum Füllen, in Ausbackteig
Lavendel:	Gelees, Süßigkeiten, kandiert
Rosenblüten:	Gelees, zum Aromatisieren von Essig, Likör, Sirup, kandiert
Studentenblume (Tagetes):	Salat
Thymian:	Kräuterbutter, aromatisiert Essig und Honig
Zucchiniblüten:	zum Füllen und Frittieren

PILZE

Speisepilze gibt es das ganze Jahr über in unterschiedlichsten Varianten. Kenner können in Deutschland 50 essbare Arten unterscheiden: Morcheln haben von Februar bis Juni Saison, von Juni bis September beginnt dann die eigentliche Pilzsammelzeit. Dann gibt es Pfifferlinge, Champignons, Steinpilze, Maronen und Riesenboviste aus dem Wald (Bestimmungsbuch nicht vergessen oder nach dem Sammeln einem Apotheker zeigen!). Egerlinge, Champignons, Austernpilze oder Kräuterseitlinge aus Kulturen haben überdies ganzjährig Saison. Reif ist ein Pilz übrigens erst, wenn die Lamellen unter dem Hut dunkel sind, sich der Pilzhut nach oben wölbt und der Hutrand nach außen zeigt. Zeigt der Rand nach oben, ist der Pilz allerdings schon so gut wie verwest, was sehr schnell geht. In den Handel gelangen daher in der Regel unreif geerntete Pilze. Allen Sorten ist gemeinsam, dass sie reichlich Eiweiß liefern und aromatisch schmecken.

Pilze sind eine der vielseitigsten Zutaten in der Küche und schmecken in Suppen und Salaten, zu Nudeln, Klößen, Fleisch und Wildgerichten.

NÜSSE UND SAMEN

Sie schmecken toll im Salat und in Gemüsegerichten und helfen dabei, dein Essen gesundheitlich noch wertvoller zu machen. Haselnüsse, Mandeln, Pistazien und Walnüsse, Paranüsse, Sonnenblumen- und Kürbiskerne sowie Sesam- und Leinsamen enthalten nicht nur viel Eiweiß, sondern auch ungesättigte Fettsäuren, B-Vitamine, Eisen, Selen und Kalzium.

GETREIDE

Diese Nahrungsmittelgruppe ist äußerst vielseitig und ballaststoffreich.

GRAUPEN: Der Genießer kennt sie als Perlgraupen, die geschälten und geschliffenen Gerstenkörner. Sie schmecken in Suppen und Eintöpfen, im Salat und als Beilage zu vegetarischen Gerichten.

BULGUR: Der vorgekochte, getrocknete und geschrotete Weizen schmeckt als Beilage oder als Salat.

COUSCOUS: Aus der orientalischen Küche stammen die aus Hartweizengrieß hergestellten Körnchen, die gekocht und gedämpft werden und auch als Beilage oder Salat schmecken.

REIS: Ihn gibt es in verschiedenen Varianten, als Rund- oder Langkorn, geschält und ungeschält, von sehr weich bis sehr körnig kochend. Er schmeckt in Suppen, als Risotto, Milchreis oder feine Beilage.

HIRSE: Die gelben kleinen Körner sind schnell gar und enthalten eine Menge Vitamine und Mineralstoffe. Hirse vor der Zubereitung immer gut abspülen, da sie sonst bitter schmecken kann.

AMARANTH UND QUINOA: Diese Getreide sind hirseähnlich mit mild-nussigem Aroma und schmecken gut in Aufläufen, Suppen, als Beilage oder Füllung oder in Süßspeisen.

MILCH UND MILCHPRODUKTE

Quark, Joghurt, Kefir, saure Sahne, Buttermilch und Crème fraîche liefern Kalzium, hochwertiges Eiweiß und die Vitamine B_2 und B_{12}. Frischmilch, die bei 72 bis 75 °C bis zu 30 Sekunden lang pasteurisiert wird, gibt es nur noch relativ selten im Kühlregal. Dafür bieten die Molkereien länger haltbare Milch an, die ungeöffnet und gekühlt bis zu drei Wochen frisch bleibt. Sie wurde auf 127 °C für zwei Sekunden erhitzt oder fein gefiltert. Auf diese Weise ist diese Milch weitgehend keimfrei. H-Milch wird noch höher erhitzt, sollte aber nach dem Öffnen in zwei bis drei Tagen verbraucht werden. Sie ist noch keimfreier, dafür aber etwas nährstoffärmer als die länger haltbare Milch.

KÄSE

Schon in kleinen Mengen liefert Käse viel Geschmack und jede Menge Kalzium! Es gibt Hunderte von Sorten und kaum ein Lebensmittel ist so köstlich und vielfältig. Das Ausgangsprodukt für die verschiedenen Käsesorten ist immer: Milch. Heute wird vor allem die Milch von Kühen, Schafen, Ziegen und Büffeln für die Käseherstellung verwendet. Für die Konsistenz eines Käses ist vor allem das Verhältnis von Trockenmasse zum Wassergehalt entscheidend. Die Trockenmasse setzt sich aus Fett, Eiweiß, Milchzucker, Milchsäure sowie Salzen, Vitaminen und Enzymen zusammen. Diese Masse bleibt übrig, wenn dem Käse das Wasser entzogen wird. Je mehr Flüssigkeit ein Käse also enthält, desto weicher ist er und umgekehrt. Als Kriterium wurde dazu der Begriff „Wassergehalt in der fettfreien Käsemasse" (Wff) eingeführt. Enthält ein Käse also 25 Prozent Fett, so beträgt die fettfreie Käsemasse 75 Prozent, und der Wff ist der in diesen 75 Prozent enthaltene Wasseranteil. In Deutschland werden Käsesorten nach dem Wff in folgende Gruppen eingeteilt:

- Hartkäse – 56 Prozent oder weniger
- Schnittkäse – mehr als 54 bis 63 Prozent
- Halbfester Schnittkäse – mehr als 61 bis 69 Prozent
- Sauermilchkäse – mehr als 60 bis 73 Prozent
- Weichkäse – mehr als 67 Prozent
- Frischkäse – mehr als 73 Prozent

Für die qualitative Bewertung eines Käses ist der Fettgehalt entscheidend: Je höher der Anteil an Fett ist, desto feiner ist der Käseteig. Das Kürzel (Fett i. Tr.) steht für „Fett in der Trockenmasse". Darunter versteht man den prozentualen Fettanteil in der Käsemasse ohne Wasser (Trockenmasse).

Wichtig bei der Lagerung ist eine konstante Temperatur von 10 bis 15 °C. Am besten hat es der Käse im Gemüsefach, da dort mit 7 bis 9 °C die wärmsten Temperaturen im Kühlschrank herrschen. Der Käse sollte dabei so geschützt sein, dass er nicht austrocknet, aber dennoch atmen kann. Am besten deckt man größere Stücke nur an der Schnittfläche mit Folie ab. So kann die Rinde weiter atmen. Für stark riechende Käsesorten bieten sich Kunststoffdosen oder Alufolie an. Weichkäse mit Rotschmiere sollte in Pergamentpapier oder in beschichtetem Papier aufbewahrt werden. Frisch- und Schmelzkäse sind im Kühlschrank in ihrer handelsüblichen Verpackung am besten aufgehoben. Den Käse eine Stunde vor dem Verzehr aus der Kühlung nehmen.

FLEISCH

Das Lebensmittel, dem wir im Grunde den höchsten Respekt zollen sollten, bietet in guter Qualität einmalige Genusserlebnisse. Achte beim Einkauf auf Qualitätskriterien wie Farbe, Struktur und Marmorierung. Dabei kann dir dein erfahrener Fachberater helfen. Mir ist wichtig, dass die Tiere, die ich verarbeite, artgerecht und nicht intensiv gehalten wurden und ausreichend Zeit zum Wachsen hatten, um so ein hochwertiges, fein marmoriertes Fleisch zu entwickeln. Wer einmal einem Tier ins Auge geblickt hat, bevor es stirbt, wirft nichts mehr von ihm weg.

- Gut marmoriertes, also von feinen Fettadern durchzogenes Fleisch, ist zarter und saftiger als sehr mageres. Durch den dünnen Fettrand bleibt das Fleisch beim Braten saftig. Und: Fett unterstützt den Eigengeschmacks des Fleischs. Mageres Fleisch, das im eigenen Saft liegt, wird dagegen leicht trocken und zäh. Die Qualität ist minderwertig
- Die Fleischfarbe bei jüngeren Tieren ist immer heller, bei älteren dunkler. Kalbfleisch ist also rosa bis hellrot, Jungbullenfleisch hellrot bis mittelrot, Färsen- und Ochsenfleisch mittel- bis kräftigrot und Kuhfleisch dunkelrot. Jungbullen- und Kuhfleisch sind in der Regel gröber strukturiert als Färsen- und Ochsenfleisch; dabei spielt aber auch die Rasse eine übergeordnete Rolle. Die Zartheit des Fleisches ist vor allem von der Reifezeit bestimmt. Kochfleisch ist nach fünf bis sechs Tagen gut, Brat- und Kurzbratfleisch sollte 14 Tage abhängen. Je länger das Fleisch hängt, desto deutlicher entwickelt sich das Aroma. Als zartestes Fleisch gilt das Ochsenfleisch gefolgt von Färsenfleisch.
- Wähle das richtige Fleischstück für deine Kochaktionen. Koch- und Bratenstücke sind günstiger als Stücke zum Kurzbraten.
- Zum Grillen ein nicht zu fettes Fleisch verwenden. Denn Fett, das in die Glut tropft, bildet Rauch mit schädlichen Stoffen, die sich dann auf der Fleischoberfläche absetzen. In der Grillschale gart Fleisch noch gesünder.
- Ganz allgemein: Achte auf Hygiene beim Einkauf. Das Verkaufspersonal sollte immer zwischen Verkauf und Kassieren die Hände waschen. Die Theken und Auslagen sollten sauber und gut gepflegt sein.

RINDFLEISCH

Rindfleisch ist der Oberbegriff für Fleisch von weiblichen Jungtieren (Färsen), Kühen, Bullen und Ochsen. Fleischrinderrassen, die in Deutschland gehalten werden, sind zum Beispiel Aubrac, Blonde D'Aquitaine-Kreuzung, Charolais-Kreuzung, Deutsch Angus, Dexter, Hereford, Schwarzbuntes Niederungsrind, Simmentaler, Uckermärker, Wasserbüffel. Erkundige dich bei deinem Metzger, woher er sein Fleisch bezieht.

Rindfleisch eignet sich zum Grillen, Braten, Kochen und Schmoren. Die Fleischqualität hängt immer von der Rasse des Rindes, seinem Alter und Gewicht sowie der Art der Haltung und Aufzucht sowie vom Reifegrad ab. Damit es bekömmlich wird und sich gut zubereiten lässt, sollte Rindfleisch nach der Schlachtung noch mindestens zwei Wochen im Kühlhaus abhängen. Die einzelnen Teile vom Rind sind in ihrer Zusammensetzung sehr unterschiedlich.

NACKENFLEISCH, das sehr saftig und von Fettadern durchzogen ist, eignet sich gut zum Kochen und Schmoren, für Gulasch und Rollbraten.

ROASTBEEF gehört zu den zartesten, edelsten Teilen. Es stammt aus dem Hinterviertel, hat eine äußerst feinfaserige Struktur und eignet sich hervorragend für Kurzgebratenes, Braten im Backofen oder auch zum Grillen. Man unterscheidet den vorderen Teil, die hohe Rippe (Vorderrippe oder Hochrippe) und das flache Roastbeef, das vor allem für Steaks oder für Bratenstücke verwendet wird.

FILET ODER LENDE ist das feinste Fleisch vom Rind. Aus diesem Stück schneidet der Metzger Filetsteak, Chateaubriand, Tournedo, Mignon und Medaillon.

FLEISCH VON DER HÜFTE ist fein marmoriert, sehr saftig und zart. Es ist ideal zum Schmoren sowie für Steaks.

KALBFLEISCH hat einen milderen Geschmack und ist besonders bekömmlich. Aufgrund seiner feinen Struktur kann man das Fleisch schon nach zwei bis drei Tagen Abhängen verarbeiten. Aus Kalbsrücken und Keule können ausgezeichnete Braten aber auch Steaks und Kurzgebratenes zubereitet werden.

KLEINE STEAKKUNDE

Chateaubriand: Der Name geht auf den französischen Schriftsteller und Politiker François-René de Chateaubriand zurück und bezeichnet ein doppeltes Steak aus der Mitte des Rinderfilets (Gewicht: 350 bis 500 Gramm).

Mignon: Die kleinen (frz.: mignon = niedlich), kurzgebratenen Medaillons mit 60 bis 80 Gramm Gewicht stammen aus dem schmalen Teil des Rinderfilets.

Rumpsteak: Das 200-Gramm-Stück aus dem Roastbeef wird klassisch mit einem eingeschnittenen, weißen Fettrand gebraten.

T-Bone-Steak schneidet man aus dem ganzen Roastbeef. Dabei werden Knochen, flaches Roastbeef und Filet in etwa 4 Zentimeter dicke und 600 bis 700 Gramm schwere Scheiben geteilt. Der Knochen (engl.: bone) hat dabei die Form eines „T".

Tournedo: Aus dem Kopf des Rinderfilets schneidet man Lendenschnitte, Medaillon, Mignon. Sie werden in etwa 90 bis 100 Gramm schwere Stücke geschnitten. Damit die Tournedos beim Braten ihre runde Form beibehalten, vorher mit Küchengarn umwickeln.

SCHWEIN

Gutes Schweinefleisch ist eine Basiszutat für viele Traditionsrezepte in der deutschen wie der internationalen Küche. Zudem werden viele Spezialitäten wie Schinken und Würste aus Schweinefleisch hergestellt. Mit dem Beginn der Intensivtierhaltung wurde den Tieren zum einen das Fett möglichst weg-, dafür Rippen dazugezüchtet – und das Ganze so billig wie möglich verkauft. Das Ergebnis: blasses, wässriges Fleisch von gestressten Tieren, das in der Pfanne zum harten Klumpen einschrumpft. Heute haben einige Bauern die Kehrtwende mit der Zucht robuster älterer Rassen wie etwas das Schwäbisch-Hällische, das Sattelschwein oder das Bunte Bentheimer geschafft. Sie dürfen im Gegensatz zu den Turbomastschweinen, die gerade einmal drei bis fünf Monate ihr Leben fristen, sechs bis neun Monate auf der Welt sein, haben viel Auslauf, Licht und Luft sowie artgerechtes Futter. So entwickelt sich ein dunkles, aromatisches, fein marmoriertes, von Fett umgebenes Fleisch. Qualitativ hochwertiges Schweinefleisch riecht angenehm, ist rosa bis hellrot und glänzt matt. Seine Stücke sind elastisch. Das Fett ist fest und weiß, die Schwarte stramm.

SCHWEINEFLEISCH sollte nach dem Schlachten zwei bis drei Tage reifen, Koteletts bis zu acht Tage. Würste werden von guten Metzgern noch warm nach dem Schlachten hergestellt (Warmfleischwursten; dabei kann man übrigens auch auf den Einsatz von Nitritpökelsalz verzichten). Lager Schweinefleisch auf einer umgedrehten Untertasse in einer Schale (so liegt es nicht im eigenen Saft). Diese verschließe mit einem Deckel, Folie oder feuchtem Tuch. Über dem Gemüsefach hält es im Kühlschrank zwei bis vier Tage, Koteletts bis sechs Tage, Hackfleisch, Geschnetzeltes und Innereien nur einen Tag.

SCHWEINERÜCKEN wird im Ganzen, mit und ohne Knochen gebraten. Aus ihm schneidet der Metzger eher magere Steaks und Koteletts. Aus dem Kotelettstück, aber auch vom Kamm oder Bauch stammt das Kassler, das roh, gekocht und geräuchert in den Handel kommt. Unter Rückenspeck versteht man weißen Speck ohne Fleischanteil.

SCHWEINENACKEN ist fetter und durchwachsener. Ihn gibt es im Stück oder in Scheiben, mit und ohne Knochen. Es eignet sich zum Schmoren von Nackenbraten, Gulasch und Rollbraten. Ungepökelt: zum Braten im Ofen. Nackenkoteletts machen sich gut auf dem Grill. Nackenkassler ist entweder gepökelt oder geräuchert.

SCHWEINEFILET (Lende oder Lummer) ist mager, zart und saftig. In den Handel gelangt es im Ganzen oder als in Scheiben geschnittene Medaillons ohne Knochen. Es ist geeignet zum Schmoren und für Geschnetzeltes, zum Kurzbraten oder für Fondue.

KEULE: Aus der Keule schneidet der Metzger Hüfte (Braten, Steaks, Schnitzel, Geschnetzeltes), Oberschale (Braten, Steaks, Schnitzel), Haxe (Braten, für Sülze, gepökelt für Eisbein, auch vom Bug) und Schinken.

SCHWEINEBAUCH ist ideal für Eintöpfe und Rollbraten. Hier werden auch die Spareribs, Rippchen und Bauchspeck für Schmalz herausgeschnitten. Aus der

Schulter schneidet man Braten, Ragouts und Hackfleisch. Die Brust wird gerollt oder gefüllt zum feinen Braten.

INNEREIEN: Aus Leber, Zunge, Herz, Nieren, Ohren, Backen, Pfoten, Schwanz werden köstliche regionale Spezialitäten hergestellt.

SPANFERKEL sind mindestens sechs Wochen alt und wiegen etwa zehn Kilogramm und mehr. Sie werden im Ganzen am Spieß oder im Bräter gebraten.

TIPP: Weil es praktisch ist und weniger Arbeit macht, kauft mancher für sein Abendessen oder das Grillfest schon fertig mariniertes Fleisch. Zu beachten ist hier: Fleisch, das fertig eingelegt in den Handel gelangt, könnte oft nicht mehr ganz frisch sein. Kunden und selbst Lebensmitteltester tun sich wegen der Sauce schwer, mögliche Qualitätsmängel zu erkennen: Denn die Farbe der Sauce verbirgt die Farbe des Fleisches und die Gewürze überdecken den eigentlichen Geruch. Am besten kaufst du frisches Fleisch und machst die Marinade selbst.

LAMM

Vor allem in der mediterranen, der französischen und afrikanischen Küche wird das Lamm geschätzt. Auch hierzulande gewinnt es immer mehr Anhänger. Als besondere Delikatessen gelten Heidschnucken aus der Lüneburger Heide und Salzwiesenlämmer von der Küste. Geschlachtet werden die Lämmer meist im Alter von sechs bis zehn Monaten. Sind sie älter als ein Jahr, dürfen sie nicht mehr als Lamm, sondern nur noch als Schaf verkauft werden. Am besten schmeckt Fleisch vom Weide- oder Wanderlamm. Die kurz vor oder zum Frühjahrsbeginn geborenen Tiere verbringen den meisten Teil ihres Lebens auf der Weide und ernähren sich von Gras und Kräutern. Diese Haltungsweise schlägt sich in der Fleischqualität und einem hervorragenden Aroma nieder. Besonders zart ist das Fleisch von Milchlämmern, die mit Milch, Grünfutter und etwas Mastfutter großgezogen werden. Sie werden mit sechs Monaten geschlachtet. Lammfleisch schmeckt nach frühestens vier bis fünf Tagen Reifezeit. Ein qualitativ hochwertiges Lammfleisch sollte immer fest sein, dunkelrosa bis violett matt glänzen und angenehm würzig riechen.

Das Fleisch auf eine umgedrehte Untertasse in eine Schale legen und mit Deckel, Folie oder einem feuchten Tuch bedecken. So sind fettere Stücke über dem Gemüsefach zwei bis fünf Tage haltbar. Hackfleisch, Innereien und Geschnetzeltes hält sich einen Tag frisch.

LAMMKEULE ergibt feinwürzige Braten, Gulasch, Steak- oder Spießfleisch für den Grill.

LAMMNACKEN (Hals oder Kamm) ist fein marmoriert und ideal für Gulasch oder Nackenbraten.

LAMMRÜCKEN ist sehr zart und zum Braten im Ganzen oder als Koteletts geeignet.

LAMMSCHULTER (auch Bug, Blatt) ist relativ preiswert. Es gibt sie im Stück, mit oder ohne Knochen und gerollt. Sie ist ideal für Eintöpfe, Gulasch oder Rollbraten.

GEFLÜGEL

Hähnchen, Gans, Pute, Ente, Strauß & Co. sind eiweißreich und besitzen einen im Vergleich zu anderen Fleischsorten beachtlichen Vitamin-C- und Magnesiumgehalt sowie einen höheren Gehalt an Eisen- und Phosphor. Hinzu kommt ein niedrigerer Cholesteringehalt. Bis heute gibt es zu bestimmten Festtagen, zum Beispiel am Martinstag oder zu Weihnachten, einen Geflügelbraten auf dem Tisch. Geflügel ist unglaublich vielseitig. Es schmeckt im Ganzen oder in Stücken, gebraten, gegrillt oder geschmort.

Frisches, hochwertige Geflügel erhältst du beim Geflügelhändler, im Feinkostgeschäft oder bei einem guten Metzger, und es hat im Gegensatz zur Massenware einfach seinen Preis. In der Industriegeflügelhaltung ist in den letzten Jahren soviel Schindluder getrieben worden, um billiges Fleisch zu verkaufen. Frischware wird bei einer Temperatur von 0 bis 2 °C aufbewahrt, und die Kühlkette sollte bis zur Verarbeitung nicht unterbrochen werden. So hält Geflügel insgesamt etwa eine Woche. Wenn du in Sachen Frische ganz sicher gehen willst, unbedingt vorbestellen! Eine Alternative ist tiefgefrorenes Geflügel, das es heute in jedem gut sortierten Supermarkt gibt. Hähnchen sind bei -18 °C ein Jahr, Pute einein-halb Jahre und Gans und Ente acht Monate lang haltbar. Auftauen sollte man das Fleisch idealerweise im Kühlschrank: So wird die Fleischstruktur geschont.

Hygiene ist bei der Vor- und Zubereitung von Geflügel aufgrund der Salmonellengefahr sehr wichtig. Aufgetaute TK-Ware nie noch einmal einfrieren. TK-Ware sollte beim Auftauen nie mit anderen Lebensmitteln in Kontakt kommen. Die Auftauflüssigkeit sofort abgießen, das Fleisch kalt abspülen und trocken tupfen. Arbeitsbretter und Messer sowie Hände nach dem Kontakt gründlich heiß waschen. Geflügelfleisch sollte daher auch immer gut durchgegart werden. Gar ist es, wenn sich das Fleisch beim Anheben mit einer Gabel leicht von den Beinknochen löst. Andere Garprobe: Der Saft, der beim Anstechen austritt, ist wasserklar.

HÄHNCHENFLEISCH wird ganz und in Teilen angeboten, frisch und tiefgefroren. Ganze männliche Tiere werden als „Hähnchen" verkauft. Stubenküken sind drei bis fünf Wochen alte Hähnchen und in etwa so groß wie ausgewachsene Wachteln (Gewicht: 350 bis 400 Gramm). Ihr Fleisch ist zart und saftig. Des Weiteren gibt es Junghühner (oder Broiler, noch nicht geschlechtsreife Jungmasthühner), Poularden (ältere, schwerere Hähnchen) und Suppenhühner (Legehennen).

TRUTHÜHNER können bis über 18 Kilogramm Gewicht entwickeln. Im Handel gibt es sie meist in Teilstücken (Schnitzel, Keule). Für einen Braten ist am besten eine Babypute geeignet, die nur etwa drei Kilogramm wiegt.

ENTE UND GANS haben unter der Haut relativ viel Fett. Ihr Fleisch schmeckt am besten vom Grill oder als Braten, damit das Fett ablaufen kann.

PERLHUHN stammt heute vor allem aus Mastbetrieben. Sein Fleisch ist sehr mager und ähnelt vom Aroma her dem Fasan.

WACHTELN (kleine Hühnervögel) wiegen höchstens 100 Gramm und stammen aus Mastbetrieben, da die Wachtel unter Naturschutz steht. Ihr zartes und saftiges Fleisch schmeckt wildähnlich.

FASAN ist heute ebenfalls meist nur aus Zuchtbetrieben erhältlich. Sein Brustfleisch ist zart und hell, das Fleisch der Keulen dunkler und im Geschmack intensiver.

WILD

Wildfleisch ist eine echte Delikatesse, besonders fettarm und nährstoffreich und von extrem feiner Struktur. Je nach Teilstück und Fleischart lässt sich Wildbret kurzbraten oder schmoren. Das Fleisch von Hirsch, Reh, Wildschwein, Kaninchen, Hase, Ente, Fasan und Taube ist cholesterinarm, reich an Eiweiß, B-Vitaminen und Mineralstoffen, allen voran Eisen, Zink und Selen. Wildtiere haben vor allem Muskelfleisch zu bieten, was sie sehr bekömmlich macht. Wie Fisch (siehe Seite 184) enthält Wild reichlich ungesättigte Fettsäuren. Außerdem gilt Wildbret als unbelastet, da sich die Tiere mit naturgegebenem Futter ernähren und so keine Fremdstoffe aus Mastfutter, Hormonen oder Medikamenten ins Fleisch gelangen. Außerdem haben sie den ganzen Tag Bewegung und können so eine gesunde Muskulatur ausbilden.

Die dunkle Farbe von Wildfleisch kommt von dem stärkeren Gehalt an Muskelfarbstoffen. Lass dich am besten fachgerecht von einem spezialisierten Metzger beraten. Ganze Tiere sowie küchenfertige Teilstücke zu Erzeugerpreisen erhältst du auch direkt bei Jägern und Forstämtern. Bezugsquellen können über Kreisjägerschaften oder Internetportale einzelner Bundesländer nachgefragt werden. Während dieses Wild garantiert aus freier Wildbahn stammt, bieten Supermärkte eher Fleisch aus Gatterhaltung oder aus Übersee an.

Hauptsaison für frisches Wildbret ist der Herbst, da Wild in Deutschland gesetzlich festgelegten Schonzeiten unterliegt. Geschmacklich unterscheidet sich Wildfleisch erheblich.

HIRSCH UND REH: Das wohl beliebteste Wildbret kommt vom Reh. Es besitzt eine feine Struktur, eine dunkelrote Farbe und duftet aromatisch. Vor allem Rehrücken und die Keulen kommen in der Küche zum Einsatz. Hirsch hat einen kräftigeren wildtypischen Eigengeschmack. Die Jagdzeit für Rehe dauert von Mitte Mai bis Januar, Rotwild wird zwischen Juni und Januar gejagt.

HASE UND KANINCHEN: Hasen schmecken am besten bis zu einem Alter von acht Monaten, später dunkelt ihr Fleisch nach und ist geschmacklich sehr kräftig. Wildkaninchenfleisch ist zart rosa und besitzt ein süßliches Aroma. Kaninchen hat eine kürzere Garzeit als der Hase, das Fleisch ist vielseitiger verwendbar. Hasen werden zwischen Oktober und Januar gejagt, Kaninchen von Juni bis März.

WILDSCHWEIN: Verzehrt werden nur Frischlinge und Sauen, da ausgewachsene Eber als ungenießbar gelten. Das Fleisch vom Schwarzwild ist sehr saftig und äußerst pikant. Frischlinge werden ganzjährig gejagt, Hauptjagdzeit ist von Mitte Juni bis Ende Januar.

WILDGEFLÜGEL: Unter dieser Kategorie versammeln sich Fasane, Wachteln, Wildtauben, Rebhühner, Wildenten und Wildgänse. Fasan hat im Spätherbst und frühen Winter Saison. Wildenten haben muskulöseres und fettärmeres Fleisch als Hausenten. Man brät oder schmort sie im Ganzen oder zerlegt sie in Keulen und Bruststücke. Jagdzeit ist von September bis Mitte Januar.

EIER

Eines der nährstoffreichsten, vielseitigsten und günstigsten Lebensmittel ist das Ei. Es schmeckt weich oder hart gekocht, pochiert, im Glas, als Spiegelei, als Rührei oder Omelett frittiert, im Wasserbad gegart, als Pfannkuchen, Eierstich, in Saucen und Mayonnaise. Was für das Huhn gilt, gilt ebenso fürs Ei. Am besten schmecken Eier aus Freiland- oder Biohaltung oder vom Bauern oder Händler seines Vertrauens. Beim Einkauf darauf achten, dass die Eier noch mindestens zwei Wochen bis zu ihrem Mindesthaltbarkeitsdatum (MDH) haben. Eier, die in Deutschland gelegt wurden, tragen auf der Packung das Kennzeichen „DDD" oder auf der Schale ein „D" plus eine sechsstellige Kennzahl.

Die vierte Ziffer aus der Zahlenreihe zeigt, aus welcher Haltung das Ei stammt. 0: Bio-Eier; Freilandhaltung und Futter aus ökologischem Anbau; 1: Freiland, 2: Bodenhaltung, 3: Käfighaltung.

Hygiene ist beim Umgang mit Eiern das A und O, damit Salmonellen keine Chance haben. Eier erst kurz vor der Verwendung aus dem Kühlschrank nehmen oder grundsätzlich nach dem Kauf bei Zimmertemperatur aufbewahren. Ein frisches Ei erkennst du an einem gewölbten Dotter mit festem Eiklar und einem wässrigen Ring. Sinkt das Ei in einer Schüssel mit Wasser zu Boden, ist es frisch. Richtet es sich etwas auf, ist es etwa eine Woche alt. Steigt es an die Oberfläche, bitte entsorgen!

LEBENSMITTEL VON A–Z

Nach dem Einkauf die Eier gesondert aufbewahren, da sie schnell fremde Gerüche annehmen. Eier mit der Spitze nach unten lagern, sonst liegt der Dotter auf der Luftkammer und trocknet an.

FISCH

Ernährungsbewusste haben ihn mindestens einmal pro Woche auf dem Tisch. Unsere heimischen Fischarten kommen aus Seen und Flüssen, ein Großteil dieses mit wertvollen Nährstoffen (allen voran gesunde Omega-3-Fettsäuren) gesegneten Lebensmittels stammt aus dem Meer. Qualitativ guten Fisch bekommst du beim Fischhändler deines Vertrauens oder im gut sortierten Supermarkt. Frischer (Meeres-)Fisch riecht nach Meer, hat klare, durchsichtige und pralle Augen, hellrote Kiemen, glänzende Haut mit einer klaren Schleimschicht, fest sitzende, glatte Schuppen, festes, elastisches Fleisch ohne Druckstellen. Bei leichtem Druck auf das Fischfleisch bleibt keine Mulde zurück. Beim Fischfilet sollten die einzelnen Muskelsegmente nicht auseinanderklappen.

Achte beim Einkauf darauf, dass der Fisch ausreichend mit Eis bedeckt und gekühlt ist. Denn so hält er sich am besten.

Nach dem Einkauf auf einen Teller legen und mit einem Teller oder Folie bedecken. Im Kühlschrank hält sich Fisch ein bis zwei Tage. In die meisten Städte werden dienstags und freitags frische Fische geliefert. Hilfreich beim Einkauf ist das ASC-Siegel (Aquaculture Stewardship Council), das für hohe Umwelt- und Sozialstandards bei der Fischzucht steht. Bei Ökofisch gelten noch strengere Anforderungen an Platz, Futter und Umweltbedingungen. Ebenfalls empfehlenswert sind Produkte mit dem Siegel des Marine Stewardship Council (MSC) als Nachweis für nachhaltige Meeresfischerei. Hierbei wird nur so viel Fisch gefangen, wie auch wieder nachwächst.

Die wichtigsten Speisefische sind:

FORELLEN stammen aus See und Fluss bzw. Fischteichen. Andere Süßwasserfische sind Renken, Saiblinge, Lachsforellen, Zander, Hecht, Schleien oder Karpfen. Sie alle zeichnen sich aus durch festes aromatisches Fleisch und Gräten, die man leicht entfernen kann. Sie eignen sich zum Braten (außer der Karpfen), Dämpfen und Pochieren. Die beliebtesten Meeresfische sind Kabeljau, Rotbarsch, Seelachs,

Scholle und Hering. Seezunge und Steinbutt liefern besonders delikates Fleisch. Brassen wie Red Snapper sind festfleischig und äußerst aromatisch. Die Gräten sind so groß, dass man sie leicht entfernen kann. Die Fische können bis zu zwei Kilogramm Gewicht auf die Waage bringen und sind ideal zum Backen im Ofen, zum Garen in Salz oder auch für den Grill.

ROTBARBE UND SARDINE gehören zu den kleineren Vertretern der Mittelmeerfische. Am besten schmecken diese aromatischen Fische mit Haut gegrillt, gebraten oder im Ofen gegart. Bei sehr kleinen Fischen sind die (zahlreichen) Gräten so weich, dass man sie sogar manchmal mitessen kann.

SCHOLLE gehört wie Seezunge und Steinbutt zu den Plattfischen, wird häufig als Filet angeboten und schmeckt zart und sehr aromatisch. Plattfische im Ganzen werden am besten gebraten, gegrillt oder im Ofen gebacken.

AAL sieht schlangenartig aus und hat eine feste Haut, die man am besten vom Fischhändler abziehen lässt. Er ist extrem fett und schmeckt geschmort und gegrillt am besten.

MAKRELE ist auch ziemlich fettreich und würzig. Sie schmeckt gegrillt, im Ofen gebacken oder als Steckerlfisch.

MEERESFRÜCHTE sind alle essbaren, wirbellosen Tiere aus dem Meer. Dazu gehören die verschiedenen Muschelsorten, Tintenfische und Kalmare, Garnelen, Krabben, Krebse sowie Hummer. Meeresfrüchte können Fang- oder Zuchtprodukte sein.

Impressum

© 2017 systemed Verlag, Lünen. Alle Rechte vorbehalten. Nachdruck, auch auszugsweise, sowie Verbreitung durch Film, Funk und Fernsehen, durch fotomechanische Wiedergabe, Tonträger und Datenverarbeitungssysteme jeglicher Art nur mit schriftlicher Genehmigung des Verlages.

Redaktion:

systemed Verlag, Lünen
systemed GmbH, Kastanienstr. 10, 44534 Lünen

Text & Projektleitung:

Anna Cavelius

Layout, Satz, Umschlaggestaltung:

rosavision, Simone Ruths, www.rosavision.de

Fotos:

Franc Enskat, www.enskat-photography.com
Lutz Spendig (Seite 20)
IStock (Seite 30, 34, 36, 60, 78, 102, 125, 162, 170, 184)

Illustration:

Die Knaben – Büro für Gestaltung, www.die-knaben.de
rosavision, Simone Ruths (Seite 12, 13, 43, 44)

Druck & Herstellung:

Imago, Printed in Turkey

ISBN:

978-3-95814-041-7

1. Auflage

Aus unserem *Buchprogramm* bei systemed

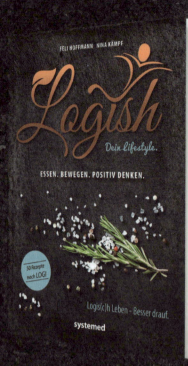

19,95 €

22,00 €

Fit und gesund ist das neue Sexy!

Der smarte Lifestyle für jeden, der etwas ändern und trotzdem individuell bleiben will.

Logish: Die moderne Weiterentwicklung des Klassikers der letzten 15 Jahre!

Die LOGI-Methode.

Eines der erfolgreichsten Ernährungskonzepte der letzten 15 Jahre! So macht Abnehmen und Gesundbleiben jeden Tag richtig viel Spaß.

LOGI ist mit mehr als einer Million Lesern unser absolutes Bestseller-Programm.

Gesundheit, *Inspiration,* bewusstes Leben – gut zu wissen: www.systemed.de!

Leseproben, Infos und viel zu entdecken.